零碳

ZERO-
CARBON

中国

CHINA

重塑全球供应链与价值链

RESHAPING GLOBAL SUPPLY AND VALUE CHAIN

张礼立　石安　徐斌　著

中国出版集团　东方出版中心

图书在版编目（CIP）数据

零碳中国：重塑全球供应链与价值链 / 张礼立，石安，徐斌著. -- 上海：东方出版中心，2024. 10.
ISBN 978-7-5473-2558-2

Ⅰ. F124.5

中国国家版本馆CIP数据核字第20249Q15A1号

零碳中国：重塑全球供应链与价值链

著　　者　张礼立　石　安　徐　斌
责任编辑　万　骏
装帧设计　余佳佳

出 版 人　陈义望
出版发行　东方出版中心
地　　址　上海市仙霞路345号
邮政编码　200336
电　　话　021-62417400
印 刷 者　上海盛通时代印刷有限公司

开　　本　710mm×1000mm　1/16
印　　张　15.25
插　　页　2
字　　数　176千字
版　　次　2025年1月第1版
印　　次　2025年1月第1次印刷
定　　价　99.00元

张礼立，现任全球城市数字经济发展研究院院长、新疆商贸物流集团首席科学家、上海市海外经济技术促进会会长、侨界数字经济产业科创联盟理事长、2023年全国归侨侨眷先进个人。主要从事产业数字化、数字经济生态规划与建设。著有《IT服务管理新论：中国式智慧和西方文化融合的研究》《新质生产力：中国制造业与服务业的下一步》等作品近二十余种，是"国际数字之都"、"跨境商贸与数字经济"系列教材、"中国产经故事"丛书的主编。

石安，现任罗克韦尔自动化（中国）有限公司总裁，负责中国的整体业务，全面带领团队积极推动数字化智能制造和ESG（环境、社会和治理）理念在中国的落地，2024年携手上海气候周打造了气候灯塔，助力中国产业链升级和净零发展。自2021年起成为联合国工业发展组织国别顾问，积极拓展生态伙伴全球化布局，赋能系统性科创孵化，拉动产业可持续发展。

徐斌，拥有超三十年的金融机构工作经验，先后任职于国有大行、国有股份制银行、金融租赁公司，深耕国内外贸易、生物医药、贵金属等行业，具有丰富的金融、产业运作和并购经验，对于供应链金融有深刻的认知和实践经验。

推荐序一
冯长林

在2009年底，各国气候专家、政府官员以及一大批国家首脑齐聚丹麦首都哥本哈根，召开为期11天的气候会议。唇枪舌剑、硝烟弥漫之后，最终因各国间的巨大分歧，联合国气候专门委员会提出的二氧化碳减排计划并未获得通过，通过的只是一个无法律约束力的《哥本哈根协议》。这个协议维护了《联合国气候变化框架公约》的核心精神"共同但有区别的责任"这一根本原则，但是并没有对促使发达国家减少排放量提出强制措施。会后，绿色和平组织强烈谴责了西方发达国家在哥本哈根会议上所表现出的"要么接受协议，要么放弃"的傲慢态度。实质上，西方发达国家试图用这个会议对碳排放切分蛋糕，完成对未来的利益分配。

众所周知，西方发达国家占据了人类世代以来历史碳排放量的绝大多数，从道义上讲，包括中国在内的广大发展中国家有权力发展自己的经济、继续工业化的建设，增加碳排放将不可避免。何况，实际上西方发达国家之所以能够享有海量的物廉价美的工业制成品，实际上是将碳排放"外包"给了发展中国家——亚非拉大量的资源生产国提供原料，主要由中国替西方购买者进行大量碳密集型的生产制造。难道不是作为消费者的美西方国家更应该对制造产品过程中产生的碳排放负责吗？正如丁仲礼院士在哥本哈根会议结束之后的那场著名访谈中的明确质疑：中国人是不是人？为什么同样是人，中国人就应该少排？

这一问当然问住了、批判了当时的主持人及其同路者，也深深地将一颗种子埋在了国人心里，我们今天已经明白，中国要走的是一条不被西方所限制，但又能保护环境、不影响长远发展的光明正道。什么是独立自主、负责任的大国模样？这就是。

从经济学角度来看，实现零碳排放是一个复杂的系统工程，它涉及能源结构的转型、产业结构的优化、技术创新与应用等多个方面。气候变化经济学认为，通过合理的政策设计和市场机制创新，可以引导社会资本向低碳领域流动，推动经济结构的优化升级，从而实现经济发展与环境保护的双赢。在哥本哈根会议后，中国不仅没有被西方的限制所束缚，反而迎难而上，接受了挑战，继续勇敢地承担起了"共同但有区别的责任"，在那之后的几年里，中国进行了一场更大的关于气候、能源的重要战略布局。

《巴黎协定》于2015年12月公布，2016年中国成为批准该协定的缔约方。2020年9月的联合国大会上，中国正式对外宣布：力争2030年前实现碳达峰，2060年前实现碳中和。中国之所以提出这一宏伟目标，一方面是基于对国内经济社会发展阶段和能源结构的深刻认识，另一方面也是基于对全球气候变化的责任感和担当。实现双碳目标，需要中国在能源、工业、交通、建筑等领域进行全方位的转型和创新。这不仅将推动中国经济的高质量发展，也将为全球应对气候变化作出重要贡献。

此外，在零碳转型的过程中，中国还将面临诸多挑战和机遇。如何平衡经济发展与环境保护的关系？如何推动绿色低碳技术的创新与应用？如何构建绿色低碳的产业体系和生活方式？这些都是需要我们深入思考和解决的问题。而《零碳中国：重塑全球供应链与价值链》这本书，正是对这一系列问题的深刻剖析和积极探索。

这次礼立兄嘱我为他的新作品《零碳中国：重塑全球供应链与价值链》作序。以上文字，正是心迹所托。我们有幸生活在一个伟大的时代，意气鹰扬，引领世界。这些年中国做了很多工作，走了很长的路，取得了辉煌的成绩，有积极的实践经验，也有需要注意的问题和值得思考的策略。关于碳达峰、碳中和，关于零碳和净零排放，已经有了很多相关政策解读的书，以及很多关于这些的理论作品，但是，理论能结合实际的作品，确实不多见，特别是在系统介绍理论之外，作为一个制造业大国，我们的劳动者和企业，在一线究竟是怎么做的，取得了哪些具体的成就，为碳中和、碳达峰做了哪些贡献，等等，更是没有他们的记录者。

礼立兄这本书，让我欣喜的就是他以系统严谨但又简洁明快、热情洋溢的书写，向大众介绍了碳达峰、碳中和等与中国制造业有关的历史、理论、政策、策略，更是用心深沉地记录了当代中国制造业在为实现双碳目标而作出的具体的行动、成就和愿景。我们看到，这里面有国企，有民企，更有外企，是世界人民的团结协作。我们从来不期待英雄的下凡和救世主的拯救，我们中国人从来都是团结所有能够团结的力量，接受挑战，创造光明。

历史是人民书写的，这段历史值得被记录，《零碳中国》就是这样记录了这段历史，并留下了和时代最紧密的思考。感谢作者。

是为序。

（笔者为亚洲慈善协会成员、北京联益慈善基金会理事长）

推荐序二

邹 荣

在我的印象中，石安先生一直是非常忙碌的，作为全球500强制造业领军公司的中国区CEO肩负着商务目标重任，所以当他告知即将出版一本《零碳中国》的专著并希望我写点什么时，企业工作日程满档的他和他的合著者是如何完成一部学术研究著作，让我多少感到有一点诧异好奇，但回顾我们相识交流和共同公益的一些有意义的工作时光再仔细想来就并不奇怪，一位志存高远同时行动果敢的国际级企业家，在繁忙的企业事务中分出精力时间和张礼立会长、徐斌先生等专家一起完成写作编撰，必然是带着对中国及全球可持续发展工作的一种使命和责任，尽心智站在世界视角对绿色智能制造与中国实践的一个阶段性的总结，也是尝试对全球制造业产业链与价值链重塑的前瞻引导，身体力行著书倡议，让人钦佩。

2023年的夏初，石安先生所在全球智造业翘楚罗克韦尔中国公司联手复旦管理学院举办一个学术论坛，是针对全球范围的"灯塔工厂"可持续发展相关专题，石安先生率领其专业精英团队与复旦管院的教授、来自多家世界500企业中国区的技术及可持续发展领域领导者演讲、交流对话，以全球洞见论述创新思路、以实务案例提出解决之道，我有幸受邀听会学习，虽很多专业知识并不完全领会，但其活跃的创新思维深受启迪，受益匪浅。这是我和石安先生的结缘，这一天起我们提出并开启了"气候灯塔"新命题的携手探索。历时一年多，我们合作经历了上海气候周—罗克韦尔及全球伙伴的高光时刻"气候灯塔点亮仪式"和主题论坛，也多次广邀国际业界顶尖企业和专家多层面多形式的沟通讨论，这一有益尝试以中国所拥有的全球最完备制造业体系为基底，以罗克韦尔及其上下游供应链部分领军企业为技术和服务支柱，推动制造业（包括生产型、消费型等）可持续发展标准及系统解决方案，惠及中国及各国各行业企业和社会，打造气候绿色供应链，气候灯塔目标就是点亮自己，照耀他人。

在推进中国"双碳"宏伟蓝图、构建"零碳中国"目标的征程中，中国明确提出了立足新发展阶段，完整、准确、全面贯彻新发展理念，加快构建新发展格局，着力推动高质量发展，以实现碳达峰、碳中和目标为引领，改造升级传统产业，巩固提升优势产业，加快推动新兴产业绿色高起点发展，前瞻布局绿色低碳领域未来产业，培育绿色化、数字化、服务化融合发展新业态，建立健全支撑制造业绿色发展的技术、政策、标准、标杆培育体系，推动产业结构高端化、能源消费低碳化、资源利用循环化、生产过程清洁化、制造流程数字化、产品供给绿色化全方位转型，构建绿色增长新引擎，锻造绿色竞争新优势，擦亮新型工业化生态底色。这一过程充满挑战，全面提升中国制造业绿色可持续发展能力，是中国新发展阶段的重大机遇，也是新质生产力的重要组成部分，《零碳中国》无疑就是这项极具价值工作的一部重要专业指南。

今年启动的上海气候周提出了"中国行动、亚洲声音、世界标准"的战略宗旨，得到海内外众多有识之士的认同参与和鼎力支持。罗克韦尔等一批全球知名企业和社会组织是上海气候周共同倡议者和最紧密最重要的合作伙伴，大家志同道合共建应对气候变化生态圈，将这个生态圈命名为"气候公园Climate Community"。我们和罗克韦尔团队经常交流的气候灯塔话题，也会涉猎气候政策、气候技术、地球之水以及气候艺术、气候餐厅、气候农庄等广泛而有趣的领域，而这些生产和生活场景构成了"零碳中国"的绿色画面，充满着挑战的未来，正是奋斗之目标。

　　一个交流会上石安先生曾特别提到制造业的细分行业是666个赛道，而今中国制造业全涵盖了，这个有着中国特征吉祥意义的有趣数字符号，让我们气候灯塔666合作始终充满着前行的热情和成就的期望，路漫漫其修远兮，吾将上下而求索。石总让我为《零碳中国》一书写点什么时，个人专业狭窄和不善辞藻让我难免有点惶恐，但我想呼吁和促进也是一种态度，一种信念，一种步履……

　　愿因为《零碳中国》著作的影响力而让世界变得不一样！致敬张礼立会长、徐斌先生和石安老朋友三位资深专家作者！

（笔者为上海气候周执行委员会联席主任）

推荐序三

黄 颖

之前我在给各级政府、企业作"双碳"培训的时候，深切感受到他们在"双碳"方面需要学习的新知识实在太多了，如何拥有"碳资产"、如何构建"绿色管理体系"、如何打造"绿色供应链"、如何应对"碳关税"、如何贯彻"绿色标准"等问题，对他们来说都是全新的考验。

而最令制造企业担心的莫过于出口将变得不再那么挣钱。2023年10月欧盟理事会投票通过了"碳关税"（CBAM），这标志着该法案走完了整个立法程序，2027年至2034年将逐步实施，目前法案涵盖水泥、钢铁、铝、化肥、电力、化学品、塑料及其制品等领域。2023年12月英国政府也正式宣布自2027年起实施英国"碳关税"，初步涵盖的大类包括铝、水泥、陶瓷、化肥、玻璃、氢气、钢铁等领域。

据世界银行研究报告称，如果"碳关税"全面实施，在国际市场上，中国相关制造业可能将面临平均26%的关税，出口量可能因此至少下滑21%。近期欧盟又上调了中国进口电动车关税17%—36.3%。另外，《欧盟电池和废电池法规》2023年8月已正式生效，加强电池和废旧电池管理，实施谁生产、谁回收原则；《欧盟航空运输业燃料法规》要求到2025年，欧盟机场起飞的飞机所用可持续航空燃料需占总燃料的2%，到2030年占比6%，到2035年占比20%，到2050年占比70%。

面对"碳关税"等全面压境，WTO（世界贸易组织）机制面临逐渐瓦解，发达国家手持"双碳知识利刃"，再次挥向发展中国家收割"双碳知识不对称"，中国制造业的绿色发展之路迎来了前所未有的"新挑战"。当然，哪里有"压迫"，哪里就有"反抗"。比较值得中国制造业借鉴的是泰国将于2025年开始全面应对"碳关税"，在其国内先行开征"碳税"（每吨约40元人民币）。如将"油税转为碳税"，目前泰国柴油消费税为每公升约6.44泰铢，柴油每公升排放0.002 6吨碳，碳税为每吨200泰铢，换算下来，每公升柴油将征收碳税0.52泰铢。泰国钢铁业以出口为导向，多以柴油燃烧来炼钢铁，相当于泰国钢铁业已征收了碳税，未来钢铁出口欧盟，就能避免在欧盟再次征收"碳关税"，帮助泰国制造业保持竞争力。

我们面临的形势非常急迫，也极富挑战。中国制造企业想要获取"零碳"知识的途径和时间其实是有限的，但暂时的困难不应掩盖长远的目标，《易》云，学物之道，如逆水行舟，不进则退。《零碳中国：重塑全球供应链与价值链》从全球化发展战略出发，围绕新形势下的国际贸易、金融、货币、环境等几大要点，相继提出了重构国际贸易体系、推动高质量发展、发展新质生产力、应对全球气候变化等一系列战略举措，以积极应对千变万化的国际变革，主动重塑全球供应链与价值链，逐步提升中国话语在国际上的影响力。

《零碳中国》以驱动绿色工业变革为基础，战略性地围绕碳中和的开发、规划、产品、技术、人才和创新，很好地解答了实现国家、园区、社区、企业、供应链增值的完整过程，系统性地帮助中国制造业形成自己独特的"零碳"价值链。在这个意义上，我认为礼立博士的《零碳中国：重塑全球供应链与价值链》对于当今中国工业的绿色新质发展非常有意义。我们的零碳绿色舞台太需要这样的作品进行真正的指导了。

（笔者为上海环境能源交易所原副总经理、
国家知识产权运营［上海］国际服务平台副总经理）

目 录

第三部分：零碳红利的实现全要素

第四部分：构筑全球竞争新优势

第五部分：中国实践

前　言

　　进入新时代，中国人民正在中国共产党的领导下书写着两部史诗：一部是减贫史诗，中国打赢了人类历史上规模最大的脱贫攻坚战，历史性地解决了绝对贫困问题，提前10年实现联合国2030年可持续发展议程减贫目标，并使全球贫困率从44%下降到了9%；一部是减排史诗，近年来，中国下大力气推进低碳转型，将应对气候变化作为经济、社会、环境可持续发展的国家战略，纳入了生态文明建设整体布局和社会经济发展全局。减贫史诗写在中国大地上，历史性改变了成百上千万中国家庭的命运；减排史诗不仅写在中国的大地上，还改善了整个地球的面貌，重塑着人类社会的生活方式和生产方式。

　　2020年以降，全球减排雄心被全球公共卫生事件和2022年俄乌冲突的严峻现实所考验。突如其来的危机使有些国家放弃承诺，甚至退出条约，重新回归对传统化石能源的依赖。更随着天然气的供应紧张，曾经作为过渡能源的天然气被更为经济的煤炭所取代，引发了我们对减排及碳中和努力是否将受挫的深切担忧。

　　然而，暂时的困难不应掩盖长远的目标。正如中国气候变化事务特使谢振华在2022年斯德哥尔摩的气候行动部长级会议上所指出，虽然俄乌冲突带来了挑战，但相关努力必须持续。中国并未放缓对"双碳"目标（2030年实现碳排放达标、2060年实现碳中和）的追求。2022年5月，一系列经济刺激政策的出台，特别是对新能源发展的强力支持，向市场释放了积极信号。

中国的能源转型战略"先立后破"，旨在通过产业转型和技术升级来推动经济结构的调整，其"双碳"目标的雄心依然坚定不移。在"十四五"规划中，"绿色生态"已经成为核心指标，这体现了中国对发展绿色经济的承诺。2030年实现碳排放达峰、2060年实现碳中和，这不仅是中国的目标，也是我们对全球减排及碳中和努力的重大贡献。此外，中国的绿色科技投资主题与全球趋势相呼应，也开辟了前沿创新和成熟回报的投资机遇。

在全球范围内，新能源产业的快速发展，而中国在新能源发电装机容量的持续增长和全球竞争力的提升上更是取得了显著成就，不仅在"十三五"期间取得了突破，而且"十四五"计划对新能源的重视程度更高。在双碳目标下，中国正致力于构建碳达峰碳中和"1+N"政策体系，加强顶层设计，明确行动方案。

在2023年，中国煤炭消费占一次能源消费的比重，从10年前的67.4%下降到55.3%；而新能源公交车占比由十年前的不到20%提高到了80%以上。迄今为止，北方地区清洁取暖和散煤治理改造累计完成3 900万户。另外，截至2024年7月底，中国风电、太阳能发电总装机容量已经达到12.06亿千瓦，是2020年底的2.25倍，提前6年实现了向国际社会承诺的装机容量的目标。

实现碳达峰、碳中和，是以习近平同志为核心的党中央经过深思熟虑作出的重大战略决策，是着力解决资源环境约束突出问题，实现中华民族永续发展的必然选择。在全人类应对气候变化的事业中，中国已经成为了实践的领导者。我们一定能克服眼前的困难，团结国内外人民，引领世界走向一个低碳、绿色、可持续的未来。

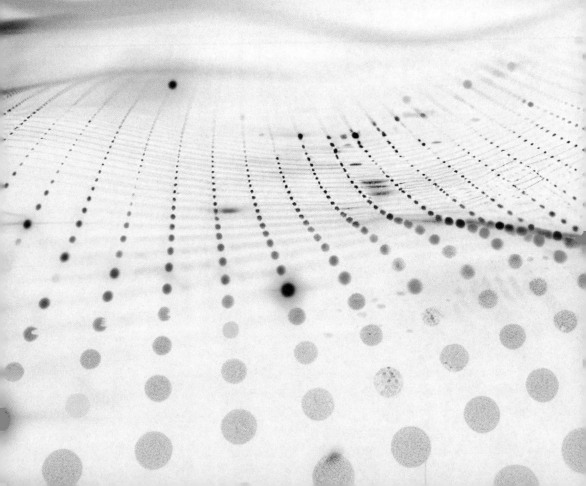

第一部分

全球经济的新格局

第1章 全球化与不确定性

第1节 经济霸权的转移与全球市场的新格局

经济霸权是指在全球经济体系中，某一国家因其经济实力、产业优势、技术创新能力、货币影响力以及对国际贸易规则和金融体系的主导能力而拥有的支配地位。这个概念不仅涉及综合国力的经济尺度，还包括该国在全球经济事务中的影响力和决策权。其兴衰和政策变动对全球市场影响深远，其他国家的经济策略和国际地位也围绕其行动而调整。

经济霸权的演变：全球权力格局的历史转移

经济霸权的历史转移是一个复杂而持续发展的过程，涉及国家之间的相互竞争和合作、技术进步、战争与和平，以及国际贸易和金融体系的演变。

早期霸权：15世纪到18世纪。在现代全球经济体系形成之前，经济霸权通常与地理发现、殖民扩张和海上贸易密切相关。15世纪到17世纪，是葡萄牙和西班牙，随后，是荷兰。它们以其有组织的军事暴力、技术领先、商业和金融手段的创造，占据了从北美、南美到东南亚的大量的殖民地，消灭了诸多古老的帝国，奴役了大量民族，掠夺了天文数字的财富，成就了早期的霸权。

英国的全球霸权：18世纪到20世纪初。工业革命首先在英国爆发，历经百余年的积累、战争、屠杀和掠夺，特别是在彻底灭亡印度莫卧儿帝国和缅甸贡榜王朝，拿下整个英属印度（今巴基斯坦、印度和缅甸）以后，英国在19世纪成为世界上最强大的经济体。英国的工业技术的发展、殖民帝国扩张带来的庞大的殖民地市场和国际贸易网络的建立，特别是其对全球金融体系的主导（如伦敦成为世界金融中心），确立了其经济霸权地位。

美国的崛起：20世纪。两次世界大战极大削弱了欧洲国家的经济实力和国际威权，同时，美国的工业能力、科技创新和广阔的国内市场使其在20世纪初崛起为世界经济领袖。特别是第二次世界大战后，强大的军事实力、制造实力和布雷顿森林体系的建立以及美元成为主要的国际储备货币进一步巩固了美国的经济霸权。

冷战与全球化：20世纪后半叶。冷战期间，世界被分为以美国为首的资本主义阵营和以苏联为首的社会主义阵营。美苏争锋，各有胜负，但随着1991年苏联解体，国际共产主义运动暂入低潮，苏联人民70余年创造积累的财富被美西方洗劫一空，而美国遂成超级独霸，得以继续维持其政治、军事、经济和技术的全球领导地位。

新兴市场的崛起：21世纪。进入21世纪，中国和其他新兴市场国家经济迅速发展，这些国家在全球经济中的比重不断上升。特别是中国，在中国共产党的正确领导下，依托世界历史上第一个10亿级人口的工业文明，一跃成为世界第二大经济体，撼动了几百年以来的西方霸权，并对全球经济秩序和格局产生深远影响。

经济霸权的历史转移是一个由多重因素驱动的动态过程，涉及技术进步、政治力量的此消彼长、军事冲突、全球化以及国际贸易和金融体系的变迁。这一转移不仅反映了国家之间力量的消长，也塑造了世界经济的结构和运作方式。

全球经济霸权的历史演变与转移动力

造成经济霸权转移的关键因素是多方面的，主要包括技术进步、政治决策和资源分配。

技术革新是推动经济发展和变革的主要动力。历史上，从工业革命到信息技术革命，每一次重大的技术进步都极大地提高了生产效率，创造了新的产业和市场，从而重新塑造了经济力量的分布。例如，英国在工业革命期间的机械化生产助力其成为19世纪的经济霸权；美国在20世纪的技术创新，尤其是在信息技术和生物技术领域的领先地位，在其大享苏联解体红利的基础上，一度巩固了其全球经济领导地位。

政府的政策选择和决策对经济发展具有深远影响。政策的制定涉及税收、关税、贸易协定、监管环境、教育和基础设施投资等多个方面。在这个方面，中国制造业的全面发展与加入世界贸易组织（WTO）的历史机遇紧密相关，而美国如今的种种贸易壁垒、技术封锁、"小院高墙"的政策，则明显导致其整体力量的衰弱。

一个国家的自然资源、人力资源和资本资源的分配和利用效率对其经济实力有着决定性影响。资源丰富的国家如果能有效管理和利用这些资源，可以在全球市场上获得竞争优势。例如，拥有丰富煤炭和铁矿资源的英国在工业革命期间利用这些资源优势实现了快速工业化；而中国在21世纪初的快速崛起则部分得益于其庞大的劳动力资源和有效的资源配置策略。同时，教育和技能的培养也是资源分配的重要方面，对提高劳动生产率和创新能力至关重要。

技术进步、政治决策和资源分配是经济霸权转移的关键因素。这些因素相互作用，共同影响着国家的经济竞争力和全球地位。了解和分析这些因素，对于预测未来的经济趋势和制定有效的经济策略具有重要意义。

当前的全球经济格局：复苏、挑战与多维透视

当前世界经济面临多重挑战和不确定性。主要经济体和新兴市场都在努力平衡社会经济发展的需要与长期可持续发展的目标，既需要应对即时的经济问题，同时也要考虑如何促进包容性增长、应对气候变化和增强经济韧性。

美国经济霸权：全球地位、挑战与未来展望

毫无疑问，美国依然是当前的世界经济霸权，特别是美国的地位，是由其历史、资源、技术、政治和军事力量共同塑造的。美国长期以来一直是全球经济的主导力量，但也面临着一系列挑战和变化的国际格局。它作为世界上最大的经济体，其巨大的经济规模和国内生产总值（GDP）的全球领先地位在国际贸易、金融和投资中赋予其巨大的影响力。这一影响力得到了其在技术和创新方面持续领先的进一步加强。同时，美元作为世界主要的储备货币和国际贸易的主要货币，进一步巩固了美国在国际金融体系中的特殊地位，其货币政策和金融状况对全球经济产生了深远的影响。此外，美国的政治和军事力量也是其经济霸权的重要支柱。其全球军事存在和在多边机构中的影响力使美国能够在国际事务中发挥决定性作用。

尽管美国在全球经济中仍占据主导地位，但它面临一系列内部和外部挑战，这些挑战正在深刻影响其长期的经济稳定性和影响力。国

内方面，政治严重分裂、社会日益不平等、种族冲突和基础设施老化等问题对经济政策的制定和执行构成了威胁。在国际舞台上，新兴经济体的快速崛起挑战了美国在制造业和全球贸易等领域的霸权地位，同时它本身的贸易保护主义的抬头导致其经济的去全球化趋势，"脱钩论"日益流行就是这一趋势的代表，这削弱美国企业在国际市场的竞争力。此外，美国在人工智能、量子计算等前沿科技领域面临全球竞争者的挑战，而这些领域的霸权地位对其未来的经济和军事优势至关重要。最后，它应对气候变化和推动可持续发展的恶劣和不负责任的政策和行动也是其长期挑战，这不仅关乎环境保护，更影响着国家的经济结构、能源政策和国际地位。

新兴经济体的崛起及其对全球经济格局的影响

中国等新兴经济体的崛起正在对全球经济格局产生深远的影响，这些国家通过快速的经济增长和日益增加的国际影响力，重塑了全球的经济、政治和文化格局。

中国的崛起作为世界第二大经济体标志着其在全球经济中的重要地位。经历了几十年前所未有的经济增长，中国通过快速工业化、大规模基础设施建设以及出口导向型经济模式，实现了显著的发展。作为全球最大的货物贸易国之一，中国在全球供应链中扮演了关键角色，尤其在制造、电子和消费品等领域，其经济动态对全球市场产生深远影响。此外，通过"一带一路"倡议等外交政策和海外投资项目，中国扩大了其在国际舞台上的影响力，特别是在亚洲、非洲和南美洲，这些投资正在改变这些地区的经济格局。在技术创新方面，中国正逐渐在5G通信、人工智能和可再生能源等领域成为全球领导者。这些技术的发展和应用不仅推动了国内的经济转型，也在全球范围内推动技术标准的变化和创新。随着中国继续推进其经济和技术发展，其对全球经济格局的影响预计将持续深远，引领和塑造未来的全球经济走向。

印度的崛起在全球经济中占据了一席之地，得益于其人口优势和服务业的发展。作为世界上人口第二多的国家，印度拥有庞大且年轻的劳动力市场，为经济增长提供了巨大的潜力和动力。特别是在服务业领域，印度的信息技术和软件服务业已在全球市场上占据了重要地位，其IT公司和专业服务在为全球多国企业提供支持方面发挥了关键作用。近年来，为了进一步激发经济潜力，印度政府实施了一系列改革，旨在促进外国直接投资和改善商业环境。这些改革为企业提供了巨大的商业机会，尤其是在其庞大的国内市场。然而，尽管经济增长显著，印度仍面临着贫富差距极为悬殊、种姓制度影响至深、普遍的政治腐败、教育极端不平等和基础设施严重不足等挑战。从长远看，印度的问题远大于其潜力，能否成为一个有声有色的大国还有待进一步观察。坦率地说，除了在国际政治中足以左右逢源以外，它的前景并不乐观。

非洲大陆发展的希望首先就是南非，无论自曼德拉以来发生了怎样程度的混乱，一个不可否认的事实是，南非是非洲黑人有史以来首次从白人殖民者的后代手中完整接收的一个工业化国家，随着政权的逐渐稳定，混乱也逐渐消失，南非的工业没有断代，海陆空装备仍能自产并迭代升级。南非正努力培养出新一代的工业化人口，接下来若能争取到资金和市场，就能进入正向的循环。

中国等新兴经济体的崛起正在深刻地影响全球经济格局，其中最显著的变化是经济重心从传统的西方国家逐渐向全球南方国家转移。2024年，金砖国家组织的历史性大扩员，就显示了这个变化。在可期待的未来，以全球南方国家为主要力量的金砖国家组织也许会在领土面积、人口数量、经济体量上全面超越以美国为首的G7集团，推动多极化的秩序更顺利地建立起来，一代超级霸权必将崩塌，一个更加多元、均衡和团结互助的全球体系将会建立起来。

第2节　全球公共卫生事件和地缘政治冲突对全球工业秩序的冲击

全球工业秩序当前正处于一个动荡和转型的阶段。这一状况在很大程度上受到自前些年全球公共卫生事件和地缘政治冲突的影响。前者引发的全球供应链的显著中断，暴露了对单一来源或地区过度依赖的风险。各国工厂的停工和物流障碍导致了生产延误和成本上升，进而影响了全球制造和贸易。为了应对这些挑战，许多公司开始重新评估和调整其供应链结构，寻求更强的多元化和更大的弹性。

与此同时，地缘政治冲突，特别是中美关系的紧张，也对全球工业秩序产生了深远影响。贸易壁垒、高关税、"小院高墙"政策和技术限制增加了企业的不确定性和运营成本。这些因素促使企业重新考虑全球化战略，有些企业甚至开始考虑将生产转移回国内或迁移到其他的邻近国家，如越南等国。全球工业秩序正面临重大挑战。上述情况加速了对供应链、生产地和全球化策略的重新思考。企业和国家正在寻求更多的自给自足、多元化来源和地缘政治风险降低的方法，以确保在不确定的未来中保持竞争力和稳定性。

全球公共卫生事件对全球工业秩序的直接影响

在谈地缘政治之前，首先提一下近些年发生的全球公共卫生事件，其对制造业和供应链一度带来了前所未有的冲击，这场突如其来的危机震撼了全球经济的每一个角落。这直接导致了生产活动的大规模中断和供应链的严重阻塞。曾经紧密相连、高效运转的全球供应网络突然暴露出脆弱性，即便是那些历史悠久、结构复杂的供应链也未能幸免。

制造业作为受全球公共卫生事件影响最为严重的行业之一，面临着前所未有的挑战。一方面，需求的急剧下降迫使企业削减生产，特别是对于汽车、电子等非必需消费品的制造业来说，冲击尤为显著。另一方面，即使是需求依然旺盛的行业，例如医疗设备和保健品，也因为原材料短缺、运输延迟和生产线中断而难以满足市场需求。

全球制造业和供应链在紧急情况下的脆弱性，包括工业的停顿、劳动力的短缺和物流障碍等，也推动了产业的自我反思和调整。从这场危机中，我们看到了供应链管理的重要性，以及在面对未来不确定性时，灵活性和韧性的价值。虽然挑战重重，但这也是全球制造业转型升级、创新发展的重要契机。

地缘政治冲突的背景与特点

当前的全球地缘政治局势充满了复杂性和挑战，大国竞争加剧，地区争端频发，这些问题在多个层面重塑着国际关系的格局。在这个多极化世界中，传统和新兴的力量不断对抗和博弈，创造了一系列的紧张点和不确定性。

首先是大国之间的竞争，特别是中美关系的紧张。作为世界两个最大的经济体，中国和美国在贸易、科技、安全等多个领域存在竞争和矛盾。美国始终莫名担心中国崛起挑战其全球霸权地位，进而在各方面围堵、掣肘、挑战中国，这在两国之间造成了紧张，也影响了全球的政治和经济格局。

此外，地区争端也是地缘政治紧张的重要来源。在亚洲，中国周边地区，比如朝鲜半岛的不稳定等问题一直是地区热点。在中东，伊朗核问题、叙利亚战争和以色列—巴勒斯坦问题等长期存在的争端继续影响着地区和平与稳定。在欧洲，俄罗斯与西方国家之间的关系因乌克兰问题和其他地缘政治因素而持续紧张。

地缘政治冲突对全球贸易、投资和工业合作产生了深远的影响，引发了一系列连锁反应，改变了国际经济活动的格局。在这个环境下，不确定性成为了新常态，影响着企业和国家的决策。在全球贸易方面，地缘政治紧张常常导致贸易壁垒的建立，例如关税和非关税壁垒。例如，中美贸易争端不仅影响了两国之间的贸易，还波及了全球供应链，影响了从电子产品到农产品的广泛领域。此外，对于那些涉及地缘政治敏感区域的贸易路线，如霍尔木兹海峡、红海等，这些紧张局势的升级也可能导致运输成本上升和运输路线的重新规划。

在投资领域，地缘政治冲突增加了国际投资的风险，导致资本流动的不稳定。投资者通常会寻求稳定和可预测的环境，但政治紧张和冲突增加了政策的不确定性和投资的潜在风险。这可能导致投资减少，尤其是在涉及关键基础设施、能源和技术等敏感行业。长期来看，这种不确定性可能抑制全球经济的增长和发展。

至于工业合作，地缘政治冲突可能导致合作项目的延误或取消，尤其是在涉及多国利益和资源的大型项目中。例如，某个国家可能因为与另一个国家的政治紧张关系而被排除在国际合作项目之外，或者国际合作项目可能因为参与国间的政治分歧而难以继续。此外，技术转让和共享也可能受到限制，尤其是在涉及国家安全或竞争优势的领域。地缘政治冲突增加了全球经济活动的不确定性和复杂性，给全球贸易、投资和工业合作带来了挑战。

全球公共卫生事件与地缘政治双重影响下的工业变革

全球公共卫生事件和地缘政治冲突共同影响着全球工业布局和产业链的重构，这两大因素相互作用，加速了全球经济格局的变迁和产业链的调整。

全球公共卫生事件暴露了全球产业链的脆弱性。长期以来，全球化和分工细化推动了产业链的全球扩张，但全球公共卫生事件的突然爆发揭示了对单一市场或区域过度依赖的风险。随着全球公共卫生事件导致的封锁和运输限制，全球供应链受到了巨大冲击，许多企业面临原材料短缺、生产延迟和订单取消的问题。这种冲击促使企业和国家重新考虑供应链的稳定性和安全性，许多企业开始寻求通过多元化供应商、建立地区供应链中心或重新回归本土生产来降低风险。

地缘政治冲突，特别是大国之间的竞争，更加剧了全球工业布局和产业链重构的趋势。随着技术和经济成为地缘政治竞争的关键领域，一些国家开始限制对某些关键技术和产品的出口，或对外国投资进行更严格的审查。这些措施不仅影响了全球贸易和投资流向，也促使企业和国家重新考虑其在全球经济中的战略定位。例如，为了减少对特定国家的依赖，一些国家和企业开始寻求建立更加自给自足的生产体系，或在更多国家之间分散生产基地。

全球公共卫生事件和地缘政治冲突的共同影响还体现在对全球经济治理结构的挑战上。这些因素加剧了国际合作的困难，增加了全球市场的不确定性。在这种背景下，国际多边机构和协议的作用受到了考验，全球化的未来方向成为许多国家和企业关注的问题。

全球公共卫生事件和地缘政治冲突共同推动了全球工业布局和产

业链的重构。这一过程中，企业和国家不仅需要应对短期的市场和供应链中断，还需要在不断变化的全球经济环境中寻找新的战略方向。未来的全球工业布局和产业链将可能更加注重韧性和多元化，同时全球经济治理和合作的方式也可能发生重大变化。

面对全球公共卫生事件和地缘政治冲突带来的挑战，企业纷纷采取策略以保持竞争力和灵活性。其中，供应链多元化和数字化转型成为了两个核心应对策略。

供应链多元化。全球公共卫生事件揭示了对单一供应来源过度依赖的风险。为降低未来潜在的供应链中断风险，许多企业开始重新评估和调整其供应链结构。这包括寻找替代供应商、分散地理位置的风险以及建立更加灵活的供应链。通过在不同国家建立生产基地或与多个供应商建立关系，企业可以在面对特定地区的中断时快速调整和应对。同时，一些企业还在尝试建立本地或区域供应链，以减少对长途运输的依赖和提高反应速度。

数字化转型。随着全球公共卫生事件一度限制了人员的物理接触，数字化转型成为企业维持运营的重要手段。许多企业加速了其数字化进程，包括远程工作系统的实施、线上销售和市场营销的扩展，以及采用先进的数字技术如人工智能和大数据来提高效率和决策能力。数字化转型不仅帮助企业在突发事件发生期间维持运营，也为长期的竞争提供了基础。通过数字化，企业可以更好地理解市场和客户需求，更加灵活地调整策略和运营。除了上述两个核心策略，企业还采取了其他一系列措施来应对挑战，如加强财务管理以保持流动性、重新评估和调整产品和市场策略、加强风险管理以及投资研发以推动创新。尽管面临诸多挑战，许多企业正通过这些策略寻找新的机遇，以在不断变化的全球经济环境中保持竞争力和可持续发展。

应对未来的不确定性

当前，全球正处于多重挑战之中。这些挑战重塑了全球供应链，改变了国际贸易的格局，并为全球工业带来了前所未有的不确定性。

在未来，全球工业秩序可能会经历更加深刻的变化。首先，供应链的多元化和地区化趋势可能会加速，企业将寻求更加分散和灵活的生产网络以减少风险。此外，科技创新，尤其是在数字化、自动化和可持续技术领域，将继续推动产业升级和结构调整。同时，随着全球南方国家的崛起，全球经济重心可能会进一步向亚非拉地区转移，新兴市场将扮演更加重要的角色。

面对这些变化，全球工业秩序也将遇到多重挑战。持续的地缘政治紧张已经导致贸易壁垒增加和国际合作受阻，增加了全球市场的不确定性和复杂性。全球治理缺失或不足难以有效协调和解决跨国问题，如气候变化、贸易争端和供应链安全。此外，技术快速变革也带来了就业和社会不平等的挑战，需要政策和制度的适应和更新。

世界历史最重要的时刻已经在我们的时代出现了。以中国为代表的全球南方国家的崛起，和以美西方为代表的全球北方国家得以控制整个世界的政治霸权、经济霸权、文化霸权、军事霸权的衰落正在同时发生。面对不可避免的失败，美西方自身当然不会坐以待毙，全球公共卫生事件和俄乌、巴以冲突等地缘政治事件，虽以偶然的面目出现，实则是不确定性的必然。而全球气候变化，也成为美西方压制、延缓甚至扼杀全球南方国家自主工业化的最好的理由。全球工业的发展环境令人不安。

针对这些不确定性和挑战，中国何为？

党的二十届三中全会已经作出了明确的回答：当前和今后一个时

期是以中国式现代化全面推进强国建设、民族复兴伟业的关键时期。全会对深化生态文明体制改革也作出了全面部署，提出健全绿色低碳发展机制，如"实施支持绿色低碳发展的财税、金融、投资、价格政策和标准体系""加快规划建设新型能源体系""构建能耗双控向碳排放双控全面转型机制""构建碳排放统计核算体系、产品碳标识认证制度、产品碳足迹管理体系"等。面对美西方在气候变化议题上的全面挑战，中国已经用事实证明，减排非但没有让中国社会经济发展止步，反而成为中国社会经济发展的新动能。经过漫长而艰辛的努力，中国不仅加速了自身的能源转型，也推动了全球能源结构的变革，并将自身的成功同世界各国，尤其是全球南方国家共享（自2023年以来，中国对全球清洁能源投资额已超过1 000亿美元），达则兼济天下，此之谓也！中国的崛起和成功，为未来的世界注入了稳定性，团结组织世界人民来共同应对全球挑战，再造开放、公平的全球经济大环境，一起创造一个更加繁荣与和谐的世界。

第2章 碳中和与零碳中国

第1节 作为全球共识的碳中和

碳中和是指通过减少温室气体排放并增加**碳汇**，实现**净零碳排放**的状态。这个概念基于平衡原理，即一个实体排放的二氧化碳量应通过各种手段完全抵消，包括种植树木、采用可再生能源、提高能效和直接从大气中捕获碳等方法。碳中和不仅仅意味着减少使用化石燃料，还包括通过技术和自然过程移除或储存大气中的二氧化碳。

在全球气候变化议程中，碳中和具有极其重要的地位。随着全球温室气体排放量的不断增加，地球的平均温度正在上升，导致气候模式的变化、极端天气事件的增多以及海平面的上升等一系列严重后果。为了避免最严重的气候变化影响，国际社会普遍认可将全球平均温度上升限制在比工业化前水平高出不超过2摄氏度（甚至更好的是1.5摄氏度）是必要的。

实现碳中和是达到这一目标的关键。根据科学共识，我们需要在21世纪中叶之前实现全球碳中和，以保持温度升高的可能性在安全阈值内。为此，各国在《巴黎协定》等国际协议框架下承诺了各自的减排目标，并正在寻求转向更加可持续和低碳的经济模式。碳中和不仅是一项环境目标，也是经济和社会转型的重要推动力，它鼓励创新、推动清洁技术的发展和应用，并有望引领全球走向一个更加绿色和可持续的未来。国际社会对实现碳中和的共识体现在多个层面，其对未来的影响深远而持久。这一共识的核心是认识到如果不采取行动减少温室气体排放，全球气候变化将对自然环境、经济稳定和人类福祉造成不可逆转的影响。

国际社会对实现碳中和的共识将对未来产生深远影响。它将促进全球经济、技术和政策的转型，推动建立一个更加可持续和低碳的世界。这一转型不仅能够减缓气候变化，保护自然环境，也将为全球社会经济发展开辟新的路径，提高各国对未来挑战的适应能力和韧性。然而，实现碳中和的目标需要国际社会的坚定承诺、持续投资和不懈努力，以确保可持续发展的未来得以实现。但是，事实上，长久以来以"国际社会"自居的美西方在这个目标的实践行动中毫不意外地表现出强烈的私心，这令世界人民非常失望。

《巴黎协定》

为了应对气候变化，国际社会缔结了多项国际性公约和文件，推动全球应对气候变化的进程。1992年是《联合国气候变化框架公约》，1997年是《京都议定书》，2007年是"巴厘路线图"，2009年是《哥本哈根协议》。特别是《巴黎协定》，这是史上第一份覆盖近200个国家和地区的全球减排协定。《巴黎协定》生效后，成为《联合国气候变化框架公约》下继《京都议定书》后第二个具有法律约束力的协定。《巴黎协定》扮演着引导全球碳中和的关键角色（也正因如此，美国在特朗普政府时期曾一度退出该协定）。这些协议为全球气候行动提供了结构、目标和监督机制，旨在协调国际社会共同应对气候变化的挑战。《巴黎协定》于2015年在第21届联合国气候变化大会上经过两周艰苦谈判后得以通过，并在2016年正式生效。《巴黎协定》的主要目标是将全球平均气温升幅控制在工业化前水平以上2摄氏度以下，争取限制在1.5摄氏度以内，以显著减少全球气候系统的风险和影响。

为了引领全球朝着碳中和的方向努力，《巴黎协定》制定了几个关键要素，这些要素共同构成了实现其宏伟目标的基石。最核心的是国家自定贡献（NDCs），即要求各缔约国提交自己的减排承诺，反映了各国在减少温室气体排放方面的具体努力。为了不断提高减排的雄心，这些NDCs需要每五年更新一次，确保每次提交的承诺都更具雄心和力度。

《巴黎协定》的全面性和灵活性则确保了所有国家，无论是发达国家还是发展中国家，都能在全球应对气候变化的行动中发挥作用。它提供了灵活性，允许各国根据自己的国情和能力来制定适合自己的减排计划。同时，通过建立一个透明框架，要求各国定期报告其排放量和实施NDCs的进展，《巴黎协定》加强了各国之间的监督和学习机制，促进了相互支持和合作。

为了帮助世界各国，尤其是发展中国家应对气候变化的挑战并实现低碳发展，《巴黎协定》强调了财务支持的重要性。发达国家承诺动员资金，提供财务援助，帮助这些国家减缓气候变化的影响并适应新的环境条件。此外，协定鼓励技术创新和合作，推动清洁能源和低碳解决方案的开发和传播，以此加速全球的绿色转型。

《巴黎协定》通过一系列精心设计的机制和措施，为全球碳中和目标的实现提供了坚实的基础和清晰的路径。通过国家自定贡献、全面性和灵活性、透明性和监督、财务支持，以及技术发展和转让等关键要素，《巴黎协定》引导各国共同努力，应对气候变化这一全人类共同面临的挑战。通过这些结构和机制，《巴黎协定》旨在引导全球向碳中和转型，促进全球气候治理，激发国际社会采取更加积极和协调的行动。它不仅是一个法律框架，也是一个动态的、不断发展的过程，旨在随着科学发展、技术进步和国际合作的深化而逐步增强全球对气候变化的应对。

2020年，是《巴黎协定》达成5周年，这一年9月22日，习近平总书记在第七十五届联合国大会一般性辩论上发表了重要讲话，他强调：

> 人类不能再忽视大自然一次又一次的警告，沿着只讲索取不讲投入、只讲发展不讲保护、只讲利用不讲修复的老路走下去。应对气候变化《巴黎协定》代表了全球绿色低碳转型的大方向，是保护地球家园需要采取的最低限度行动，各国必须迈出决定性步伐。中国将提高国家自主贡献力度，采取更加有力的政策和措施，二氧化碳排放力争于2030年前达到峰值，努力争取2060年前实现碳中和。

这是中国的庄严承诺——二氧化碳排放力争于2030年前达到峰值，努力争取2060年前实现碳中和，即"30·60"双碳目标——这一承诺的宣布是一个决定性时刻，将重振全球气候行动的雄心与信心。就在中国这一承诺宣布之后不久，美国这个历史上累积碳排放最多的国家，就退出了《巴黎协定》。

全球共识下的合作与创新

国际合作在推进全球碳中和目标中扮演着至关重要的角色。气候变化是一个全球性问题，它不仅涉及单个国家，而是需要国际社会共同努力应对。在这一过程中，技术转移和资金支持等方面的国际合作尤为关键。

技术是实现碳中和的关键因素之一。发达国家通常在清洁能源、能效提高和碳捕捉等技术方面更为先进，而许多发展中国家则需要这些技术来减少自身的碳排放。通过国际合作，发达国家可以将这些先进的技术转移给发展中国家，帮助后者加速其绿色转型和碳减排进程。这不仅包括技术本身的转移，还包括相应的技术知识、管理经验和培训，以确保这些技术能够在新的环境中得到有效应用和维护。

实现碳中和往往需要巨额的投资，特别是对于发展中国家来说，资金往往是实现绿色转型的一大障碍。国际合作在提供必要的资金支持方面发挥着关键作用。通过各种国际基金、援助计划和金融机制，如绿色气候基金（GCF）、全球环境基金（GEF）等，发达国家可以为发展中国家提供资金援助，帮助它们实现碳减排和可持续发展的目标。这些资金可以用于支持可再生能源项目、提高能效、发展低碳技术和适应气候变化等方面。

除了技术和资金，国际合作还包括政策对话和知识分享。通过各种国际会议、论坛和工作组，各国可以分享各自的减排经验和教训，共同探讨如何有效实施和提高碳减排政策的效果。知识分享和政策对话有助于各国学习最佳实践，避免重复他国在减排过程中的错误，并寻找到最适合自己国情的减排策略。

在以上这些方面，西方发达国家的口号往往大于行动，并且，对比中国承诺的部分落实，以及中国在新能源、碳中和领域的全面领先，不但美国一度退出《巴黎协定》，德法重启煤电，英国推迟了一系列关键环保计划（包括但不限于将新燃油车销售禁令的生效时间从2030年推迟到2035年，大幅度放缓淘汰燃气锅炉的计划，并表示不会限制北海开采石油和天然气）。英国内政大臣在接受采访时说，他们不会通过让英国人破产来拯救地球；更不要说北溪二号被炸掉时的那一声巨响了。丁仲礼院士在接受采访时（那场著名的采访值得每个中国人都看一看），早就预测过：

> 西方的这些国家就是放空炮的，你以为它们会真减排吗，咱们走着瞧。中国是正儿八经要做的，因为我们是共产党领导，说了要算数！

碳中和的创新解决方案和技术

创新解决方案和技术是实现碳中和目标的关键。随着全球对气候变化的认识加深，多种创新技术和市场机制已经被提出和实施，旨在减少温室气体排放并促进可持续发展。以下是一些代表性的创新解决方案。

碳捕捉、利用和存储技术（CCUS）指的是从工业过程或电力生成中捕捉二氧化碳排放，然后将其运输并储存在地下岩层中，以防止其进入大气。CCUS技术被认为是实现碳中和的重要手段之一，尤其对于那些难以完全去碳化的重工业和能源部门来说。然而，CCUS技术的成本仍然较高，且存在技术、监管和环境方面的挑战，需要进一步的研究和政策支持来促进其广泛应用。

绿色金融是指支持环境友好项目和公司的金融活动，它可以为可再生能源、能效提升和其他低碳技术的开发提供资金。绿色金融工具包括绿色债券、绿色基金和碳市场等。通过提供资金支持，绿色金融有助于推动清洁能源的发展和碳减排技术的应用，从而促进碳中和。

市场机制，如碳交易系统和碳税，是通过市场手段来减少碳排放的机制。碳交易系统通过设定碳排放的上限，并允许排放者在此基础上买卖碳排放权来实现总体的排放减少。碳税则是对碳排放征收税费，以提高碳排放的成本，从而促使排放者减少排放。这些市场机制通过价格信号来激励减排，被认为是实现碳中和的有效手段之一。

除了上述技术和机制外，还有许多其他创新技术和方法被提出来应对气候变化，如**先进的可再生能源技术**、**智能电网**、**生物能源**和**负排放技术**等。这些技术和方法在不同国家和地区的适用性和效果各不相同，需要根据具体情况进行选择和调整。

碳中和的全球意义和迫切性不容忽视。气候变化已经给全球带来了极端天气、生态系统破坏、资源紧张等一系列严峻挑战，这些将威胁到人类的生存和发展。碳中和不仅是减缓气候变化的必要途径，也是推动经济转型、促进社会发展、保障全球公平正义的重要举措。它关系到每一个国家、每一个社区、每一个个体的未来。

第2节　零碳中国

在全球范围内，抗击气候变化并实现"碳中和"目标的核心在于根本上改变发展模式，实现经济结构的深刻转型。当前，世界各国正加速推动制造业向绿色低碳方向发展，众多国家已制定低碳发展战略，加快推动绿色技术创新，以在国际竞争中占据优势。对于中国而言，当前的关键不仅在于评估气候变化的长期影响，更在于探索实现"碳中和"目标的有效且经济可行的路径。这一挑战不仅关乎生态环境，更是关乎国家发展和人民生活方式的全面转变。

在中国，制造业不仅是经济增长的关键引擎，也是能源消耗和碳排放的主要来源。据统计，全球碳排放中约四分之一来自工业制造业，中国制造业的碳排放占国内总排放量的三分之一以上。在此背景下，中国政府针对钢铁、有色金属、石化化工、建材等行业制定了"碳达峰"行动方案和路线图，同时出台了科技、财税、金融、碳汇等支持政策。这些措施旨在促进制造业从依赖传统化石能源向清洁能源转型。

中国作为制造业大国，拥有清洁能源领域的独特优势。随着规模效应的显现，清洁能源的应用成本随着产量增加而降低。中国充分利用了其制造业优势，已在全球绿色转型中遥遥领先。

中国碳减排的目标、战略和措施

双碳目标，即二氧化碳排放力争于2030年前达到峰值，努力争取2060年前实现碳中和——是我们对全世界的庄严承诺。我们已经制定并实施了一系列战略和措施来减少温室气体排放，努力实现碳减排的目标。这些策略和措施涵盖了从重点行业的减排到促进绿色金融和市场机制的建立等多个方面。

中国明确了在能源、工业、交通和建筑等重点行业和领域的减排计划。 在能源行业，政府正逐步淘汰高污染的煤炭发电厂，转而发展清洁能源。在工业领域，重点是提高能效和推动低碳技术的应用。同时，交通部门正在推广电动汽车和其他清洁交通工具，建筑行业则在推动绿色建筑和节能建材的使用。这些措施结合起来，形成了一个全面的减排战略，旨在从各个方面降低碳排放。

中国在可再生能源方面取得了显著进展，特别是在太阳能和风能发电领域。 政府通过提供补贴、设定目标和建立支持政策来鼓励可再生能源的发展。这些措施有助于减少对化石燃料的依赖，降低碳排放，并促进新能源产业的发展和就业。

为了支持碳减排的目标，中国也在积极建立绿色金融和市场机制。 这包括发展**绿色债券市场**、设立**碳交易市场**和鼓励**绿色投资**。这些机制能够动员更多的资金用于低碳和环保项目，促进清洁能源和节能技术的发展。通过绿色金融和市场机制，中国不仅可以加快自身的绿色转型，也可以为全球碳减排做出更大的贡献。

中国的碳减排战略和措施是全面且多元的，旨在通过多方面的努力实现碳减排目标。这些措施不仅对中国的环境和社会发展具有重要意义，也对全球应对气候变化的努力做出了决定性的贡献。随着政策的进一步实施和技术的不断创新，中国在碳减排方面的作用将越来越大，这是14亿中国人民共同谱写的人间奇迹、传奇史诗。

中国在技术创新与绿色发展中的角色

中国在推动全球绿色发展和技术创新方面扮演着至关重要的角色。作为世界上最大的发展中国家，中国在实现碳减排和促进绿色增长方面的努力和成就对全球气候行动具有根本性的意义。

中国正积极投资于高科技领域的碳减排技术创新，包括**可再生能源**、**电动汽车**、**智能电网**和**碳捕捉与存储技术**等。国家在太阳能和风能技术方面已取得世界领先地位，大规模推广应用并不断提高效率和降低成本。在电动汽车领域，中国的快速发展和政策支持使其成为全球最大的市场和生产地，推动了整个世界电动汽车技术的进步和成本降低。此外，中国还在智能电网和碳捕捉存储技术等领域进行重要研究和试点项目，以进一步降低碳排放。这些技术创新不仅对中国的碳减排目标至关重要，也为全球提供了宝贵的经验和解决方案。

中国正在大力推广**绿色建筑和交通**，以减少城市的碳足迹和提高生活质量。在建筑领域，中国推出了一系列绿色建筑标准和政策，鼓励节能材料的使用、建筑设计的优化和绿色技术的应用。同时，中国城市大力发展公共交通系统，推广电动公交车和共享自行车，减少交通拥堵和污染。这些措施不仅减少了能源消耗和温室气体排放，也提高了城市居民的生活质量和健康。

作为全球制造业和出口的大国，中国在全球供应链中占据重要地位。随着中国经济的转型升级和绿色发展战略的实施，中国有潜力推动全球供应链的绿色转型。通过提高出口产品的环保标准、鼓励绿色采购和供应链管理，以及与国际伙伴合作推广绿色技术和实践，中国可以帮助全球产业链减少碳排放并提高资源效率。这不仅有助于实现中国的绿色发展目标，也对全球的可持续发展产生决定性影响。

国际合作与中国的参与

在全球气候变化治理中，国际合作是实现减排目标和应对气候变化挑战的关键。作为全球最大的碳排放国之一，中国在国际气候谈判和合作中扮演着至关重要的角色。

中国作为全球气候变化政策和行动的重要参与者，积极参与《联合国气候变化框架公约》和《巴黎协定》等国际气候谈判。在谈判中，中国不仅代表自身利益，也代表广大发展中国家的共同利益，呼吁公平、合理的全球气候治理体系。中国强调**"共同但有区别的责任"**原则，倡导发达国家应承担更大的减排责任，并为发展中国家的减排和适应行动提供资金和技术支持。原中国气候变化事务特别代表解振华在他纪念《巴黎协定》达成5周年的文章《坚持积极应对气候变化战略定力　继续做全球生态文明建设的重要参与者、贡献者和引领者》中回忆说，《巴黎协定》需要得到所有190多个缔约方的一致同意才能达成，各方都有各自的利益和诉求，这就需要大国肩负责任，从全人类的共同利益出发，寻求各方利益的最大公约数，形成各方都不满意，但各方都能接受的解决方案，而正是我们中国在这一方面发挥了重要作用，使各方求大同，存小异，最终使协定得以顺利通过。

中国在气候变化领域与发达国家和发展中国家开展了广泛的合作。与发达国家的合作中，中国参与了多个双边和多边的气候变化对话和合作项目，如中美气候变化工作组、中欧绿色和低碳合作。这些合作涉及政策对话、技术交流、能力建设等多个方面，旨在共同推进减排技术的发展和应用。

同时，中国作为南南合作的积极倡导者和参与者，在推动发展中国家应对气候变化方面发挥了重要作用。中国设立了南南合作气候变化基金，向其他发展中国家提供资金援助，支持它们开展减缓和适应气候变化的项目。此外，中国还通过技术转移、人员培训和政策交流等方式，帮助发展中国家提高气候变化应对能力。通过这些南南合作项目，中国与其他发展中国家共同探索适合各自国情的绿色发展路径，共同应对全球气候变化挑战。

中国就是世界的灯塔和希望

随着全球气候变化问题日益严峻，中国在实现碳中和的道路上展现出巨大的潜力和影响力。

中国的碳减排行动也对全球气候变化治理具有重要意义。中国的成功实践为其他国家提供了宝贵的经验，推动全球碳减排技术和政策的发展。同时，中国作为一个重要的国际参与者，在多边气候谈判和国际合作中扮演着关键角色，其承诺和行动对全球碳减排目标的实现至关重要。

通过进一步的行动和国际合作，中国不仅能够实现自身的绿色发展目标，也能够引领全球气候变化治理。未来的道路充满挑战，但也充满希望。中国就是世界的灯塔和希望。

第二部分

中国制造的重塑与挑战

第3章　中国制造的力量与挑战

第1节　中国制造业的发展历程

入世前的制造业基础和特点

在中国加入世界贸易组织（WTO）前，其制造业经历了从起步到成长的关键阶段，奠定了后续快速发展的基础。这一时期的制造业特点和政策环境对中国经济的现代化与全球一体化具有深远影响。

中华民族的工业化，是从中华人民共和国建立以后开始的，起源于20世纪50年代新中国的重工业化战略。初期主要集中在钢铁、煤炭、机械和化工等基础工业部门，这些产业成为国家经济发展的支柱。在改革开放前，我们已经有了比较完备的工业基础。随着时间的推移，尤其是在1970年代末的改革开放政策实施后，中国制造业开始逐步从以重工业为主转向更加多元化和市场化的发展路径。轻工业、纺织品和家电等行业开始迅速发展，为制造业的进一步扩张奠定了基础。

1978年，中国实施改革开放政策，这一政策的实施对制造业产生了深远的影响。国家逐步放宽对经济的控制，引入市场机制，鼓励外商投资和技术引进。特别是在东部沿海地区，建立了经济特区和开放城市，吸引外资和先进技术，促进了制造业的快速发展。这一时期，中国的制造业不仅规模扩大，结构也日益优化，逐渐形成了以劳动密集型产品为主的出口导向型产业结构。

在正式加入WTO之前，中国制造业的基础已相当坚实，特别是在纺织品、服装、玩具和电子产品等劳动密集型行业。这些行业凭借低廉的劳动力成本和逐步完善的生产技术，已经成为世界市场上的重要参与者。同时，中国制造业也面临着诸多挑战，包括产能过剩、技术落后和环境污染等。此外，尽管市场化改革取得了显著成就，但产业政策和市场环境仍需进一步优化。入世前的中国制造业以其庞大的规模、低廉但具备基本文化知识和技能的劳动力与逐步开放的市场环境，为中国的经济发展和后续的全球一体化奠定了坚实的基础。这一时期的制造业发展不仅深刻影响了中国自身的经济结构，也对全球制造业格局和贸易流动产生了重要影响。

回顾中国制造业的发展，我们看到，新中国建立以后三十年，为改革开放以来四十多年的发展打下了坚实的基础，改革开放以来四十多年的成就是前三十年的继承和发扬。

入世后中国制造业的快速扩张

中国在2001年加入WTO标志着其全面融入全球经济体系，这一历史性时刻也为中国制造业的快速扩张开启了新的篇章。在有着基本的全面工业体系的基础上，中国制造业在加入WTO后经历了前所未有的快速扩张，也得益于更加开放的国际贸易环境和市场准入机会，中国迅速成为"世界工厂"。大规模的工业化进程带动了广泛的行业发展，从传统的纺织、服装制造到电子产品、汽车等高附加值产业。制造业的快速发展推动了中国的出口增长，大量"中国制造"的产品流向全球市场，极大地提升了中国在全球供应链中的地位。

中国制造业的快速扩张与全球化和外来投资密不可分。加入WTO后，中国进一步放宽外资准入限制，吸引了大量外国直接投资。全球企业纷纷在中国设立工厂，不仅带来资本和订单，更重要的是带来了当时先进的技术和管理经验。外资企业和合资企业成为中国制造业一个重要组成部分，促进了产业链的完善和产业结构的升级。此外，全球化也使中国制造企业能够更加容易地接触国际市场，学习和吸收国际先进技术和管理理念。

技术引进和产业升级是推动中国制造业发展的关键因素。通过吸引外资、设立研发中心和与国际企业合作，中国不断引进和消化国际先进技术，提高了产品的技术含量和附加值。与此同时，国家实施出口导向型策略，通过税收优惠、贸易便利化等措施鼓励企业开拓国际市场。这些政策的实施促进了中国制造业的规模扩张和质量提升，使中国成为多个制造领域的全球领导者。

中国制造业的转型升级

随着国内外环境的变化，中国制造业正处在关键的转型升级期，旨在提高产业的全球竞争力，实现从数量到质量、从速度到效率的转变。

在面对国际市场竞争加剧、环境保护要求提高和国内劳动力成本上升等挑战时，中国制造业正在实施一系列转型升级策略。这包括加快从劳动密集型向技术密集型转变，提高产品和服务的附加值；大力发展战略新兴产业，如新能源、新材料和生物医药；以及推动企业创新和品牌建设，提升核心竞争力。同时，国家也在积极优化产业政策和提供政策支持，以促进产业结构调整和产业升级。

这里要提一下"中国制造2025"。该战略是中国政府发布的一项旨在全面提升制造业的十年规划，提出了大约260多个计划目标，涵盖10个关键领域。该计划强调通过技术创新和产业升级，实现制造业的质的飞跃。政策聚焦关键领域如信息技术、高端数控机床和机器人、航空航天设备、海洋工程装备和高技术船舶、先进轨道交通装备、节能和新能源汽车、电力装备、新材料以及生物医药和高性能医疗器械。通过推动这些领域的发展，中国希望建立更加智能、绿色、服务化的制造体系，提高产品质量和品牌影响力。

环境保护政策的加强要求制造业减少污染排放，推动绿色生产和可持续发展。这一变化促使企业投资于清洁技术和能效提升。劳动力成本的上升促使制造业通过技术升级和自动化来提高生产效率，减少对低技能劳动力的依赖。同时，消费市场的变化，特别是对高质量和个性化产品的需求增加，也推动制造业向更高端和客户导向转变。这些外部环境的变化促使中国制造业不断调整发展策略，寻求更高层次的产业升级和价值链提升。

中国制造业的转型升级是一个复杂而长期的过程，涉及多方面的变革和调整。通过不断的技术创新、产业政策支持和市场驱动，中国制造业正朝着更加高效、智能和绿色的方向发展，以满足国内外市场的新需求，提升国际竞争力。

第2节 全球最大制造业与消费国的机遇与挑战

全球制造业中心的形成

随着过去几十年的快速发展，中国已经成为全球最大的制造业中心，对国际贸易和全球供应链产生深远的影响。

中国的制造业能够提供从原材料、组件到成品的全链条服务，其高效的生产能力和完善的物流体系使得全球企业能够快速响应市场变化。这一地位不仅使中国成为世界上最大的出口国之一，也使得全球许多国家和地区在某种程度上依赖于中国的制造业。

中国制造业在全球市场中覆盖了广泛的产品和领域。在传统的劳动密集型产业如纺织品、服装、玩具和家具制造方面，中国长期保持着全球领先地位。随着技术的进步和产业的升级，中国在电子产品、电脑、手机以及家电等高附加值制造领域也取得了显著成就。此外，中国在一些新兴产业如新能源汽车、高速铁路设备和可再生能源设备制造方面展现出强劲的增长势头，并已居于世界的最前列。

中国的崛起为全球制造业中心是一个多方面的、复杂的过程，其在全球供应链中的核心地位和在全球市场中的主要产品和领域都对国际贸易和全球经济格局产生了重要影响。随着中国制造业的不断转型升级，其在全球制造业中的角色和影响力也将继续发展和变化。

中国制造业的挑战与机遇

随着全球经济和技术环境的不断变化，中国制造业面临着前所未有的机遇和挑战。

挑战是多方面的。国内市场可能出现饱和现象，需求增长放缓，同时劳动力成本上升和资源环境压力加大也将影响制造业的发展。在国际层面，全球贸易环境的不确定性，如贸易保护主义的抬头和国际关系的波动，可能影响中国的出口和国际合作。此外，技术创新的快速发展对制造业提出了更高要求，中国制造业需要持续投入研发和引进先进技术，以保持其技术优势和市场竞争力。

为了应对挑战和把握机遇，中国制造业采取了多种措施持续提升其全球影响力和竞争力。首先，通过持续的技术创新和产业升级，提高产品质量和附加值，满足市场对高端产品的需求。其次，不断加强品牌建设和市场营销，提升了中国制造的国际形象和市场份额。此外，中国制造业的各产业都在全面优化产业结构和供应链管理，提高生产效率和灵活性，以更好地应对市场变化。同时，绿色制造和可持续发展的投入也在不断加大，提高了资源利用效率，减少环境影响。

根据《华盛顿邮报》发表的一份美国学者的研究报告，10年前提出的"中国制造2025"战略中，中国已经实现了86%以上的目标，特别是有一些目标，如电动汽车和可再生能源的生产，已经远远超出了当年的计划。具体来说，比如在机器人技术、农业设备、生物制药和海洋工程领域，所有设定的目标都已实现。又如，在电力设备技术领域，"中国制造2025"已经见证了我国从追随者转变为领导者。再如，航空航天业是中国受制裁时间最长的行业之一，但实现了9成以上的目标。特别是在电动汽车领域，中国已经成为了全球最大的汽车出口国。当然，在信息技术行业，如光刻技术领域中，EUV光刻技术产业化尚未完全实现；"中国制造2025"中半导体的自主测量和检测设备的目标也没有实现；新材料行业完成率最低，只有75%，如大尺寸深紫外非线性晶体、低成本钛合金粉末、某些特殊超导材料、可使锂离子电池汽车续航里程翻倍的石墨烯电极材料以及一些特殊化学材料的产业化等都还有待进一步克难攻坚。2024年中国提出的"新质生产力"，可以被视为"中国制造2025"的延续。

未来我们中国制造业的发展和突破将面临更大的难度。美西方在技术和市场上对中国制造的打压力度更大了，美国对中国的全方位制裁更是匪夷所思，最近的一个行动就是，欧盟对中国产电动汽车的关税提高至45.3%，并在2024年10月30日生效。但中国制造业并不会因此而停顿脚步，我们依然越来越注重可持续性、智能化以及与世界各国的合作。可持续发展不仅是环境责任，也是提升长期竞争力的关键。通过发展绿色制造和循环经济，中国制造业减少了资源消耗和环境污染，同时创造了新的国内外市场机遇。智能制造是提升产业竞争力的重要途径，通过引入自动化、信息化和大数据技术，提高了生产效率和产品质量，降低成本。坚定的国际合作仍然是获取资源、市场和技术的重要渠道，通过与全球南北方众多国际伙伴的合作，中国制造业没有停下加速技术创新和市场扩张的步伐。

总之，中国制造业在未来的发展中将面临多重挑战，但同时也拥有巨大的潜力和机遇。通过持续的创新、转型和开放合作，中国制造业有望实现更加高质量和可持续的发展，继续在全球市场中发挥关键的决定性作用。

第4章 零碳机遇：开启制造业新纪元

欧盟委员会于2022年7月14日公布了碳边境关税政策提案。该提案旨在逐步实施碳边境调整机制（CBAM），特别是对钢铁、水泥、化肥、铝和电力等进口商品征收碳关税。这一举措旨在促进欧盟实现2030年比1990年减排55%的目标，并保护本地工业企业免受碳排放较高产品的冲击。事实上，对中国制造业来说，这一提案的影响尤为显著，因为它建议的碳排放基准值以欧盟碳市场覆盖行业的工业基准值为标准，中国制造企业的单位产品排放系数可能会更高，面临更高的碳关税总额。

第1节 零碳转型：中国制造业的历史性机遇

中国制造业作为国家经济增长的重要引擎，同时也是能源消耗和碳排放的主要领域。根据统计，全球碳排放中工业制造业占了近四分之一，仅次于电力行业。2020年数据显示，全球碳排放350亿吨中，工业制造业贡献了90亿吨。中国的制造业尤其是用电大户，如果包括生产制造环节所消耗的电力在内，综合碳排放的比重还会更高。为实现"碳中和"，除了推动可再生能源的发展以降低电力行业的碳排放外，转型升级制造业，实现其"碳中和"是全球减排的关键。

面对这一挑战，中国政府已经制定了清晰的路线图和行动计划。具体到产业层面，中国制定了钢铁、有色金属、石化化工、建材等工业制造行业的"碳达峰"方案，并出台了一系列科技、财税、金融、碳汇等支持政策。这些措施旨在促进工业能耗强度、二氧化碳排放强度的持续下降，并在实现工业领域"碳达峰"的基础上强化"碳中和"能力。

对于中国制造企业而言，转型升级迫在眉睫。企业需要在技术、规划和标准三个关键领域进行深度调整。技术创新是推动低碳运营的核心力量，数字技术和智能化的应用将为制造业提供更多的低碳可能性。规划则是制造业转型的蓝图，国家级的碳减排规划和碳市场将促使企业进行合理的碳资产配置。而标准则是国际化的桥梁，企业需要对接国际标准，加速融入全球供应链的减排体系。

"零碳制造"的推进需要广泛的社会参与和支持。企业需要积极参与国际认证，并加快布局碳资产的储备和建设。中国的碳市场已经开启，虽然还面临一些挑战，但其潜在的市场规模和影响力不容小觑。企业的碳资产管理能力将成为未来竞争力的重要组成部分。此外，碳追踪和碳认证将提高企业排放数据的透明度，增加利益相关方的信心，并为企业在全球市场上的竞争力增添新的动力。

总而言之，"碳中和"对中国工业制造业来说既是挑战也是机遇。这一转型不仅是中国履行国际承诺的必要步骤，也是提升产业竞争力、实现高质量发展的关键。随着世界各国围绕零碳新工业体系的竞争日趋激烈，抓住"碳中和"转型的机遇，中国有望成为这一轮绿色工业革命的受益者和引领者，实现工业制造业的跨越式发展。

零碳转型的定义与目标

制造业的零碳转型

零碳转型是指在经济活动，尤其是生产和制造过程中，通过采取各种措施大幅减少并最终实现零碳排放的过程。它旨在通过改变能源使用和生产方式，从根本上减少温室气体，特别是二氧化碳的排放，从而应对全球气候变化的挑战。制造业实现"碳中和"最终需要实现二氧化碳零排放。

在制造业中，零碳转型具体涉及以下六个方面。

能源转换。为实现零碳目标，制造业正逐渐从依赖化石燃料如煤炭、石油和天然气转向使用太阳能、风能等可再生能源。这个过程不仅是能源来源的转换，也意味着整个生产设施和技术的升级和改造。工厂需要安装新的设备来适应和利用这些清洁能源，如太阳能板或风力发电机，同时对现有设备进行改造以提高能源利用效率。这种转换不仅减少了对环境的影响，还能长期降低能源成本。

工艺优化。通过重新设计生产工艺和流程，制造业可以提高能效和减少能源浪费。这可能包括采用更高效的机械设备，改进生产线布局以减少能耗，或者采用先进技术如3D打印来减少材料浪费。优化后的工艺不仅提升了生产效率，还有助于减少不必要的能源消耗和生产废物，从而减少整体碳排放。

材料创新。寻找和采用更可持续的原料和材料是实现零碳制造的关键。这包括使用可回收或生物降解材料，开发和采用新型低碳材料替代传统高碳足迹材料。通过这些创新，制造业不仅能减少对原材料的依赖，还能降低产品的整体碳排放。

循环经济。推动循环经济实践是向零碳转型的重要一步。这意味着制造业不仅要关注产品的生产，还要关注产品的整个生命周期，包括回收和再利用产品和材料。通过将废物转化为资源，制造业可以大大减少对新原材料的需求和相应的碳排放，实现资源的最大化利用和环境影响的最小化。

产品全生命周期管理。考虑产品从设计、生产、使用到最终处理的每一个阶段，力求在整个生命周期中减少碳排放。这涉及到在产品设计阶段就考虑能效和可回收性，生产过程中减少能耗和材料浪费，以及确保产品末期能够被回收利用。全生命周期管理要求制造商对产品的环境影响负责到底，推动了更加可持续的生产和消费模式。

碳捕捉、利用和储存技术。在那些难以实现完全零排放的场景中，碳捕捉、利用和存储（CCUS）技术提供了一个有效的解决方案。CCUS技术能够捕捉生产过程中产生的二氧化碳，并将其储存在地下或其他地方，防止其释放到大气中。虽然这是一项较为昂贵和复杂的技术，但它为那些重工业和高排放行业提供了实现低碳甚至零碳目标的可能性。

中国制造业实现零碳转型的长远目标和近期目标

中国制造业实现零碳转型是一个长期而复杂的过程，涉及到技术、经济、政策和社会等多方面的改变。为了有效地推进这一过程，可以将目标分为长远目标和近期目标。

长远目标有四个。

全面实现零碳排放。对中国制造业而言，全面实现零碳排放是一项宏伟而极富挑战性的任务。这不仅涉及到大幅减少工业生产和能源使用中的碳排放，更包括采用先进技术如CCUS技术来处理无法避免的排放。

能源结构的根本转变。能源是制造业的重要输入，当前依赖化石燃料的能源结构是碳排放的主要来源。因此，实现从以化石燃料为主到以可再生能源为主的能源结构转变对于实现零碳转型至关重要。

产业结构的优化升级。随着全球市场对环保和可持续产品的需求日益增加，推动产业结构向绿色、智能和服务化方向转型对于中国制造业来说是一个重要的战略方向。

建立健全零碳制造标准和监管体系。为确保零碳转型的有效实施和监管，建立一套完整的零碳制造标准和认证体系是非常必要的。这包括制定清晰的零碳目标和路径，建立严格的排放监测和报告机制，以及制定相应的政策和激励措施来鼓励企业减排。

近期目标也有四个。

提高能效和降低排放强度。在迈向全面零碳的道路上，中国制造业首要的近期目标是提高能源使用效率并显著降低每单位产值的能耗和碳排放强度。

推进关键低碳技术的研发和应用。为了实现零碳转型，需要在关键低碳技术上取得突破。这包括对可再生能源技术、能效提升技术、CCUS技术等进行大规模研发和投资。

完善零碳政策和激励机制。政府应制定一系列政策措施来支持制造业的零碳转型，包括提供财税优惠、资金支持和市场准入便利等。此外，建立相应的激励和约束机制也非常关键，比如对减排效果显著的企业给予奖励，对高排放企业实施更严格的排放标准和罚款。通过这些政策和机制，可以有效鼓励企业减排和创新，加速零碳转型的步伐。

加强国际合作。在零碳转型的过程中，国际合作是不可或缺的。中国制造业应积极投入国际合作项目，与全球伙伴，特别是全球南方国家共享零碳技术、资金和市场资源。通过参与国际标准的制定，中国企业可以更好地适应国际市场的要求，提升自身的竞争力。同时，中国也可以与其他国家分享其在零碳转型方面的经验和成果，共同推动全球制造业的绿色发展。

实战中的挑战在哪里

实现零碳制造是一项复杂且长期的任务。目前，中国在迈向这一目标的道路上面临着多重挑战，包括一些关键的低碳技术尚不成熟、缺乏全面的零碳制造标准和体系、能源结构亟须转型、政策支持有待加强以及中小企业参与困难重重。

首先，虽然中国在某些新兴的低碳技术领域取得了领先地位，如风电和光伏，但在许多关键低碳技术领域仍然存在明显短板。例如，可再生能源的智能并网和储能技术水平不足，导致了风、光等可再生能源的大规模并网面临技术难题。此外，传统高炉转炉的"碳基冶金"向"氢能冶金"转变的技术挑战，也是实现低碳近零排放的重要关口，但目前国内在这一领域的技术水平与国际先进水平还存在差距。

其次，零碳制造相关的标准和体系不健全。国内外尚无统一成熟的"零碳制造"定义，全国统一的标准和认证体系也不完善。现有的绿色制造标准虽涵盖多个方面，但并不等同于零碳标准，这使得企业在实践中往往无所适从，难以有效地迈向"碳中和"。

再者，中国的能源结构以煤炭等化石能源为主，这不仅使得碳排放量居高不下，也为零碳制造的实现增添了难度。要实现真正的零碳状态，迫切需要从根本上改变能源消费结构，加快向清洁、低碳能源的转变。

此外，零碳制造的政策支持还有待加强。当前，国家在研发、税收、财政等方面的政策更多是宏观层面的，难以减轻企业在实际操作中的高额成本。同时，金融机构在支持零碳制造方面的服务和产品还相对有限，这限制了企业在低碳转型中的融资渠道。

最后，对于众多中小企业而言，参与零碳制造尤为困难。由于技术、资金和管理等多方面的限制，这些企业难以跟上低碳转型的步伐。缺乏对零碳制造的充分认识和积极性，以及市场上先进低碳技术的高昂成本，都成为阻碍它们走向低碳之路的重要因素。

零碳转型的历史性机遇

技术创新：推动零碳转型与产业升级的关键驱动力

技术创新在促进零碳转型和产业升级中起着至关重要的作用。

首先，技术创新可以显著提高能源效率，减少单位产品或服务的能耗。例如，更高效的机械、更智能的生产流程和自动化技术都能减少制造过程中的能源浪费。提高能效不仅是实现零碳目标的基础步骤，还能立即减少碳排放并降低成本。

此外，技术创新还推动了风能、太阳能、生物能等可再生能源的快速发展。通过提高这些技术的效率和降低成本，可再生能源变得更加可行和普遍，有助于替代化石燃料并减少碳排放。同时，CCUS技术也是实现零碳目标的重要手段之一。技术创新在提高CCUS的效率和经济性方面发挥着关键作用，使其成为更可行的解决方案。

智能化和数字化技术，如物联网、大数据和人工智能，通过优化资源分配和提高生产效率和质量来减少浪费。例如，智能制造系统可以精确控制材料使用和能源消耗，减少过程中的碳排放。同时，技术创新还促进了循环经济的实施，产品和材料被设计得更容易回收和再利用，减少了原材料需求和废物产生，同时也减少了整个生产周期的碳排放。

最后，创新技术可以提高供应链的透明度和效率，确保材料和产品的生产和运输尽可能低碳。例如，使用区块链技术可以追踪产品的碳足迹，而优化的物流网络可以减少运输过程中的能耗和排放。

国内外市场需求：推动中国制造业零碳转型的双重动力

国内外市场的需求对推动中国制造业的零碳转型具有重要的驱动作用。市场需求的变化直接影响企业的生产决策和技术创新。国内市场需求在推动零碳转型中发挥着关键的驱动作用。

政策导向和激励也在这一进程中起到了至关重要的作用。中国为了推动绿色低碳发展，制定了一系列相关的政策和标准，其中包括节能减排的要求、绿色认证和补贴等。这些政策不仅形成了市场需求，也鼓励和激励企业投资于零碳技术和生产方式，加速了制造业的零碳转型。此外，国内市场上绿色金融和投资的增长也为零碳转型提供了坚实的资金支持。随着越来越多的投资者和金融机构开始将环境因素纳入考量，他们倾向于投资于那些低碳和可持续的项目。这一趋势不仅为制造业的零碳转型提供了必要的动力，也提供了丰富的资源，助力企业在追求环境可持续性的同时实现经济效益。

国际市场需求对中国制造业实现零碳转型起着关键的驱动作用。随着诸国应对气候变化的措施日益加强，如《巴黎协定》所设定的全球减排目标，众多国家和地区已经开始实施严格的环保标准和进口政策。这些政策要求进口产品符合一定的低碳标准，迫使中国制造业提升产品的环保性能，以维持其在全球市场的份额和竞争力。

此外，全球供应链的绿色转型也在推动中国制造业朝着零碳方向发展。随着国际买家越来越关注供应商的碳排放和环境影响，中国制造业企业为了维护其在全球供应链中的地位，被激励采用更环保的生产方式和实现零碳转型。这不仅是一种市场需求的反映，也是企业社会责任和可持续发展战略的体现。

同时，外国投资者和合作伙伴对于可持续和低碳措施的偏好也为中国制造业带来了新的挑战和机遇。国际合作和外国直接投资（FDI）是推动技术和知识转移的重要途径，而许多外国投资者和合作伙伴现在更倾向于与那些采取可持续和低碳措施的企业合作。这不仅为中国制造业提供了额外的动力去实现零碳转型，也为吸引国际投资和合作提供了新的契机。

丁仲礼院士曾明确指出，排放权就是发展权。西方发达国家实施的严格的环保政策及偏好，坦率地说，无疑也是借着全球气候变暖问题，试图通过限制发展中国家，特别是中国的碳排放权，来遏制全球南方国家的整体生产水平，但中国逆势而上，转危为机，这些年来，我们不仅极大地解决了碳排放问题，还在新能源结构方面达到了全球领先，并敞开了胸怀，开放了市场，面向世界各国，进一步履行承诺，补齐短板，迅猛发展。这与美西方在全球碳减排行动上的口惠而实不至、损人利己、前后不一的表现形成了鲜明对照。

展望未来，中国制造业的零碳转型充满希望。随着技术的不断进步、政策的逐渐完善和市场的日益成熟，我们有理由相信，越来越多的企业将加入零碳行列，低碳产品和服务将变得更加普及和经济。中国有望在全球零碳转型中发挥领导作用，为全球可持续发展作出重要贡献。尽管前路可能充满挑战，但通过国家、企业和社会各界的持续努力和智慧，未来中国制造业必将实现真正的绿色、智能和可持续发展。

第2节　制造业绿色产品的国际竞争力与市场机遇

随着全球对绿色、低碳产品的需求日益增长，为制造业打开了新的市场空间。企业通过转型升级，不仅能够减少环境风险，提高资源利用效率，还能够抓住绿色经济的快车道，增强其国际竞争力。同时，政府的政策支持和激励措施，如税收减免、补贴、绿色信贷等，也为制造业的绿色转型提供了强大的外部动力。全球气候变化和环境保护的挑战正在迫使制造业进行深刻的变革，而这一变革也正孕育着未来发展的新机遇。

在应对全球气候变化和环境保护带来的挑战和机遇中，绿色产业的重要性日益凸显，并在未来国际市场中展现出巨大潜力。随着全球对环境问题的关注度不断提升，绿色产业已经成为推动经济增长和技术创新的关键领域。这些产业不仅致力于减少对自然资源的依赖和环境污染的产生，而且还通过可持续的商业模式和清洁技术，为社会和经济发展提供了新的动力。

绿色产业涵盖了广泛的领域，包括**可再生能源**、**节能技术**、**绿色建筑**、**可持续交通**、**废物管理和回收**等。这些领域的发展不仅有助于减缓气候变化的影响，还能提供大量的就业机会，推动新技术和新材料的研发，从而驱动经济的创新和增长。更重要的是，随着全球市场对绿色产品和服务的需求日益增加，拥抱绿色产业将使企业能够抓住新兴市场的机遇，提升其在国际竞争中的地位。

国际市场对于绿色和低碳产品的偏好也在不断增强。众多国家已经开始实施更严格的环境标准和法规，鼓励消费者选择环保产品，并通过各种贸易政策和措施促进绿色产品的国际贸易。这一趋势为绿色产业的企业打开了新的市场门路，尤其是在那些对环保要求较高的发达国家和地区。随着全球对可持续发展目标的共识不断增强，绿色产业无疑将在未来的国际市场中发挥更加重要的作用，成为推动全球经济转型和增长的关键力量。

随着欧盟在2024年10月底对中国产电动车加征高额关税的政策落地，我们确实能清晰地认清美西方国家在绿色和低碳产品偏好上的虚伪性、政治性。但这并不意味着，我们要像某些美西方政客那样走回头路，转向对传统能源使用的维持。实际上，欧盟的关税政策更大程度上还在于对其自身新能源汽车产业的保护和支持。"零碳制造"始终是人类未来制造产业的道路，面对未来可以预见的更猛烈的全方面的打压和挑战，我们依然要坚定地提升中国制造业绿色产品的国际竞争力，在此全球化退潮、万国日益竞争的环境之下，团结一切可团结的力量，赢得优势，开拓更大的世界市场，战胜敌人的疯狂进攻。

绿色产品的定义与国际标准

绿色产品：环保设计与国际标准的融合

绿色产品代表了一种对环境负责的设计理念，它们在整个生命周期中从原材料获取到生产，再到使用和最终废弃处理的每一步都致力于最小化对环境的影响。这些产品在生产过程中采用环保材料和技术，极大地减少了对自然资源的依赖并降低了对生态系统的破坏。它们通常是可再生的，可生物降解的或可回收的，确保在废弃后不会对环境造成长期的损害。

绿色产品还具有节能的特性，它们在使用过程中能有效降低能源消耗。例如，节能灯泡和家电比传统产品更省电，这不仅减少了对有限资源的依赖，也减少了温室气体的排放，有助于缓解气候变化。这些产品强调可持续性，意味着它们的生产和使用对现在和未来的环境、社会和经济都具有积极或最小的负面影响。它们倡导使用可持续来源的材料，提倡循环经济原则，并支持公平贸易和劳动者权益。

绿色产品还特别注重低污染，通过减少生产过程中的废水、废气和固体废物排放，以及减少使用过程中的化学物质排放，有效保护了空气、水和土壤质量，保障了人类和其他生物的健康。同时，它们通常设计得更耐用且易于修复，延长了产品的使用寿命，鼓励消费者采取更负责任的消费行为，减少了资源的浪费和废弃物的产生。

国际上，为了认证和推广这些环保理念，制定了一系列关于绿色产品的标准与认证，如ISO 14000环境管理系列标准，这些标准为制造商和消费者提供了明确的环保指南和评估工具。通过遵循这些国际认可的标准，企业不仅可以提升自己的环境管理水平，还能在全球市场中展现其对可持续发展的承诺和责任。总体而言，绿色产品不仅满足了人类的需求，而且在促进一个更健康、更公正和更繁荣的未来方面发挥了重要作用。

绿色转型：提升制造业产品在国际市场的竞争力和机遇

通过满足国际上关于绿色产品的标准，企业可以显著提升其产品的国际竞争力，这一过程涉及到多个层面。

遵循这些环保标准有助于企业减少资源浪费和降低生产成本。采用节能技术和可再生材料不仅减少了对昂贵的传统能源和材料的依赖，还可能减少因环境污染可能引发的法律风险和清理成本。长期来看，这些做法可以提高企业的经济效益和市场竞争力。符合国际环保标准的产品能够吸引更广泛的消费者群体。企业通过提供符合这些标准的产品，不仅可以维护现有客户，还可以吸引那些寻求环保选项的新客户。这种市场认可通常伴随着更高的品牌声誉和忠诚度，进而增强企业的市场份额和利润率。

符合国际环保标准的企业更容易进入那些对环保要求严格的国外市场。许多国家和地区已经实施了关于进口商品的环保法规和标准。通过满足这些标准，企业能够确保它们的产品能够顺利进入这些市场，避免贸易壁垒和关税，从而扩大其全球市场的覆盖范围。积极响应国际环保标准也能够增强企业与全球供应链中其他环保意识较强的企业的合作机会。在许多行业中，企业正在寻求与那些环保记录良好的供应商建立合作关系，以提高整个供应链的环保性能。成为这些供应链中的一部分，可以为企业带来新的业务机会和合作伙伴。

遵守环保标准的企业通常能够获得政府和非政府组织的支持和激励。这可能包括税收优惠、补贴、优先采购政策以及技术和金融支持。这些支持不仅可以减轻企业的财务负担，还可以提供额外的资源来促进企业的环保创新和技术升级。

绿色产品的国际标准无疑也是美西方发达国家贸易壁垒的一部分，但长久以来，中国企业无惧于这些困难并在全方位地攻克，这本身就是世界历史进程的一部分。无论如何，阻挡中国的发展就像阻止太阳升起那样荒谬无比，未来，我们不但能做到，还能做得更好、更强，最终成为世界历史进程的引领者。

全球市场对绿色产品的需求

全球消费者对绿色产品的需求正在经历前所未有的增长，特别是在欧洲、北美等发达地区，这种趋势尤为明显。

在欧洲，消费者对绿色产品的需求由多个因素驱动。首先是欧盟的严格环境法规和政策，如循环经济包和绿色行动计划，为绿色产品的开发和市场推广提供了框架和激励。其次，欧洲消费者对气候变化和环境保护高度关注，这一类政治正确的偏好促使他们更倾向于选择那些对环境影响较小的产品。此外，欧洲市场上的名目繁多的环保标签和认证，如欧盟生态标签，也帮助消费者识别和选择绿色产品，推动了市场的发展。

虽然发展中国家的绿色产品市场相对较小，但随着经济的增长和所谓中产阶级的扩大，对健康和环境质量的关注也在增加，预示着未来绿色产品在这些市场的潜在增长。总体来说，全球消费者对绿色产品的需求是多元化和动态发展的，但共同的趋势是对健康、环保和可持续性的重视。这一趋势不仅反映了消费者价值观的变化，也为制造业和企业提供了转型和创新的机会，以满足这一不断扩大的市场需求。

政策推动在塑造市场需求和引导消费者选择方面起着至关重要的作用，特别是对于**绿色产品市场**。政府采用的各种政策工具，如**碳税**、**绿色补贴**和**政府采购政策**，都在推动绿色产品的需求和发展。碳税是一种经济激励措施，通过对企业的碳排放征税来鼓励减少温室气体排放。这种做法使得高碳产品的成本上升，从而减少这些产品的市场需求，同时促进低碳和绿色产品的竞争力。消费者在面对更高的高碳产品价格时可能会转向更环保的选择，从而推动市场对绿色产品的需求。

绿色补贴是另一种政策工具，通过向企业或消费者提供经济补助来降低绿色产品的成本和价格，使它们在市场上更具竞争力。这些补贴可以是直接的财政支持，也可以是税收优惠、低息贷款或价格补贴。例如，对于节能家电、电动汽车、太阳能板等绿色产品的购买给予补贴，可以显著提高这些产品的吸引力，激发市场需求。政府采购政策通过要求或优先采购环保和低碳的产品和服务，直接创造市场需求。政府作为大型消费者，其采购决策可以对市场产生显著影响。

绿色产品的价值链创新

绿色产品的兴起还推动了**价值链创新**，特别是在**循环经济**和**绿色供应链管理**方面。这些创新不仅改变了产品的生产和消费方式，也为企业提供了新的竞争优势，同时为环境保护和资源可持续利用作出了贡献。

循环经济是一种创新的经济模式，旨在通过设计和创新将产品、材料和资源的使用寿命最大化，并在生命周期的末端重新投入使用。这与传统的"取—制—用—废"线性经济模式不同，循环经济强调闭环生产和消费，减少浪费，回收利用。绿色产品在循环经济中扮演着重要角色，它们通常设计得易于拆卸、修复和回收，使用的材料也是可持续或可再生的。通过这种方式，绿色产品延长了使用周期，减少了对新资源的需求，同时减少了废物的产生和对环境的影响。

绿色供应链管理则是企业在供应链各环节实施环保和可持续实践的过程。这包括选择环境责任感强的供应商，采用节能和低碳的运输方式，实施高效的库存管理，以及鼓励消费者进行环保的产品回收。绿色供应链管理不仅有助于降低整个供应链的环境影响，也能提高资源利用效率，降低成本，并增强企业的品牌形象和市场竞争力。

同时，绿色产品的推广也催生了新的商业模式和服务，如产品服务化。这种模式下，消费者不再购买产品本身，而是购买产品的使用服务。这促使企业不断改进产品的质量和性能，延长产品寿命，也使得产品的回收和再利用变得更加容易。这不仅为消费者提供了更加灵活和经济的选择，也为企业带来了稳定的收入流和长期的客户关系。

随着全球对绿色和可持续产品的需求不断增长，这些创新将在未来发挥更加重要的作用。

中国制造业的机遇与策略

中国制造业在绿色产品领域的现状与潜力

在近年来，中国政府加强了对环保的关注，并通过实施一系列政策，如"十三五"规划和绿色制造工程计划，促进了制造业的绿色转型。这些政策旨在鼓励节能减排、污染防治、循环经济发展及绿色供应链管理。同时，中国制造业在绿色技术方面也取得了一定的进展，尤其在光伏和风能等可再生能源技术，以及电动汽车产业方面。尽管如此，相较于国际先进水平，某些领域的技术仍然存在提升的空间。

随着全球对环境保护意识的提升以及国内外相关政策的推动，绿色产品的市场需求持续增长。消费者和企业对绿色建材、绿色家电和新能源汽车等产品的需求不断上升，为中国制造业提供了新的市场机遇。然而，企业在绿色转型的过程中也面临着技术瓶颈、资金限制和市场认知度不足等挑战。此外，绿色产品的标准、认证和监管体系还在逐步完善中，这也给企业的转型带来了一定的不确定性。

中国作为世界第二大经济体，其庞大的市场规模为绿色产品提供了巨大的发展潜力。随着国内消费升级以及全球绿色转型的趋势，中国制造业面临着满足国内外市场日益增长需求的巨大机会。国内消费者对健康和环境质量的关注不断提升，推动着对绿色产品的需求增长，同时全球市场对于节能减排和环保产品的需求也在不断扩大。

中国政府对于绿色、低碳发展的持续关注和投入为制造业的绿色转型提供了坚实的政策基础和财政支持。未来，随着相关政策的进一步完善和实施，预计将为绿色产业带来更多的发展机遇。此外，国际合作在全球气候治理和绿色发展方面的日益增多为中国制造业提供了引进先进技术和管理经验的机会，有助于提升绿色产品的国际竞争力。

创新驱动是推动绿色制造发展的核心动力。通过加大研发投入、鼓励创新创业以及加强与科研机构的合作，中国制造业有望在绿色产品领域实现技术突破和产业升级。绿色技术和可持续的生产方式的发展不仅能够满足市场需求，还有助于改善环境质量并促进社会经济的可持续发展。

总之，中国制造业在绿色产品领域已经取得了一定的基础和进展，但也面临着不少挑战。凭借庞大的市场潜力、政策支持和创新能力，中国制造业在绿色转型道路上具有巨大的发展潜力和机遇。

为中国企业提出转型为绿色生产的策略和建议

中国企业在转型为绿色生产的过程中面临着诸多挑战，但也拥有巨大的潜力和机遇。

在当今世界，绿色转型已成为制造业的必由之路，中国企业在这方面的表现尤为关键。首先，企业需要密切关注**国内外环保政策的动态和市场趋势**，了解绿色产品的**市场需求和消费者偏好**。这不仅要求企业具备敏锐的市场洞察力，还需要它们积极适应国家关于节能减排和循环经济的政策导向，以确保自身发展与国际绿色发展趋势保持同步。

技术创新和升级是推动企业绿色转型的另一个关键因素。企业需要加大对绿色技术研发的投入，引进和吸收国际先进的绿色制造技术。这不仅涉及到生产效率的提升和能耗及排放的降低，还涵盖对资源依赖的减少。同时，获取国际和国内的绿色产品认证，如ISO 14000环境管理系列标准，不仅确保产品符合国际绿色标准，更能提升产品在全球市场的竞争力。

此外，**绿色供应链管理**也至关重要。企业需要与供应商合作，推动整个供应链的绿色化，要求供应商采用环保材料和节能技术，同时提高供应链的透明度和效率。而在市场端，通过各种渠道教育消费者，提升公众对绿色产品的认知和接受度，利用绿色营销策略强调产品的环保属性和社会责任，建立绿色品牌形象，这都是提升市场竞争力的关键策略。

政策利用和财务策略也不可或缺。企业应积极利用政府提供的绿色补贴、税收减免和绿色信贷等政策支持，降低绿色转型的财务压力。同时，制定合理的投资回报计划，确保绿色转型的经济可行性。人才培养和团队建设也至关重要，通过投资于员工的绿色技能培训和教育，建立专门的绿色研发和管理团队，鼓励员工提出绿色创新思路，形成企业内部的绿色文化。

最后，**合作与网络建设**是实现绿色转型的另一重要策略。企业应与国内外的研究机构、行业组织和其他企业建立合作关系，通过共享资源、技术和信息，共同推动绿色技术的发展和应用。这不仅能加速企业自身的绿色转型，也有助于形成产业内的绿色共识，推动整个行业乃至全球经济向更加绿色、可持续的方向发展。通过这些策略和建议，中国企业可以有效地应对绿色转型的挑战，抓住绿色发展的机遇，为全球环境保护和可持续发展做出引领性贡献。

通过上述策略和建议，中国企业可以有效地应对绿色转型的挑战，抓住绿色发展的机遇，提升自身的国际竞争力，成为全球环境保护和可持续发展的决定性力量。

第三部分
零碳红利的实现全要素

第5章 技术创新：驱动绿色工业变革

第1节 数字化转型推动"零碳制造"

在当今世界，技术的进步和革新已成为推动制造业持续发展的核心动力。作为全球经济的重要支柱，制造业在采用新技术、提高生产效率、降低成本以及满足不断变化的市场需求方面扮演着关键角色。然而，在面临全球气候变化和环境可持续性的挑战下，制造业必须进一步革新，以实现零碳排放的未来目标。技术在这一转型中的作用至关重要，它不仅能够帮助企业提升生产效率和产品质量，还能有效降低能源消耗和减少废物排放，从而推动整个行业向更绿色、更可持续的方向发展。

在全球范围内，气候变化正对生态系统、经济活动和人类生活带来深远的影响。减少温室气体排放，特别是来自制造业的碳排放，已成为全球性的紧迫任务。技术革新在这一任务中发挥着不可替代的作用。通过采用先进的能源效率技术、可再生能源、循环经济模式和清洁生产过程，制造业可以大幅减少其环境足迹，为全球气候变化的缓解做出实质性贡献。同时，技术革新还能帮助企业开拓新市场，提升竞争力，实现经济与环境目标的双赢。

新兴技术在制造业中的应用

新兴技术是指那些具有潜在的变革性影响、正在迅速发展并逐步应用于各行各业的技术。这些技术通常代表着创新的前沿，能够提供突破性的解决方案，推动社会、经济和环境的可持续发展。

随着技术的飞速发展，新兴技术在制造业中的应用越来越广泛，对于推动制造业向零碳目标迈进起着至关重要的作用。**人工智能**和**机器学习**作为领先的技术，通过模拟人类智能行为，如学习、推理和自我修正，大幅提高了生产效率和质量控制。同时，AI可以用于质量检查，通过机器视觉系统来检测产品缺陷。它还可以通过分析历史数据来优化生产计划，减少浪费。机器学习使计算机能够通过学习数据模式自动改进性能，有效预测需求并优化供应链，这对于资源优化和减少浪费至关重要。

大数据涉及收集、存储和分析大量的数据，以揭示模式、趋势和关联，从而支持更明智的决策。在制造业中，它可以用来优化生产流程、提高产品质量和预测维护。制造企业可以分析从物联网（IoT）设备收集的大量数据，以发现生产过程中的效率瓶颈和质量问题。通过预测分析，企业能够预测何时机器可能会出现故障，从而提前进行维护。

物联网则将物理设备通过互联网连接起来，形成一个智能网络。在制造业中，物联网技术实现了对设备的实时监控和维护，优化了生产流程并提高了能源效率。大数据和数据分析技术的应用则使企业能够从海量生产数据中提取有价值信息，预测设备故障，制定更精确的市场策略，从而提升整体的运营效率。制造商通过在机器上安装传感器来收集数据，如温度、压力、速度等，然后利用这些数据优化机器的运行。例如，通过监测设备的运行状态，可以及时进行维护，避免因机器故障而导致的生产停滞。

3D打印技术，或**增材制造**，提供了从数字模型到三维实体物体的直接制造能力。这项技术大大加快了原型制作速度，支持制造复杂组件并实现产品的个性化定制。在追求灵活性和创新性的同时，它也为节约材料和减少废物提供了可能。

机器人技术指的是设计、构建和使用机器人来执行任务。在制造业中，机器人被用来执行危险、复杂或重复的任务。在制造线上，机器人可以用来装配产品，这比人工更快、更准确。它们还可以在危险的环境中工作，减少工人的伤害风险。

清洁能源技术，包括太阳能、风能和生物能等，是应对全球可持续发展需求的关键。通过将这些技术融入制造业，企业可以减少对化石燃料的依赖，降低碳排放，迈向更绿色的生产模式。

区块链技术提供了安全、透明且不可篡改的交易记录，对于确保供应链透明度、改善产品追溯和质量控制起着至关重要的作用。

增强现实和虚拟现实技术则为设计、维修和远程协作提供了新的可能性。通过创建沉浸式环境来模拟、培训和可视化复杂的工艺流程，这些技术大大提高了设计的准确性和生产的效率。

通过创新的数字技术应用，为能源数字化转型提供平台和支持。亿欧智库报告称，由于数字化技术推广和电力企业数字化服务开展的影响，2020年中国能源电力数字化市场规模达到2 213亿元。其中，智能电网、自动化控制、巡检运维、灵活性服务、能源管理系统等电力数字化升级约占18%。大数据、人工智能、云计算、区块链等技术应用改造占18%。数字化资产、数字化技术、数字化经营和数字化服务是能源电力数字化的主要方向。

可再生能源技术

在全球范围内寻求可持续发展和降低碳排放的背景下，**风能、太阳能**等可再生能源技术在制造业中的应用越来越受到重视。这些技术不仅有助于减少环境污染和温室气体排放，还能帮助企业降低能源成本并增强能源安全。

风能作为一种清洁且可再生的能源，正逐渐成为制造业中重要的能源选择。这种能源来源主要依赖风力发电机，它们通过将风的动能转化为电能来供应工厂的电力需求。在实践中，许多处于风力资源丰富地区的制造企业已经开始在适宜的地理位置安装风力发电机。这些设施不仅可以直接为工厂供电，减少对外部电网的依赖，还可以将多余的电力出售给电网，从而实现能源的有效利用。此外，一些规模较大的制造企业甚至投资建立自己的风电场，作为其长期能源战略的一部分。

风能的应用对于减少碳排放具有显著效果。与依赖化石燃料的传统发电方式相比，风力发电几乎不产生直接的碳排放，这意味着采用风能可以显著减少企业的碳足迹。随着风力发电技术的持续成熟和成本的逐步降低，越来越多的制造业企业开始认识到采用风能的经济性和环境效益。通过投资风能，企业不仅能够减少对不可再生能源的依赖和碳排放，还能提高能源自给自足的能力，减少能源成本，从而支持可持续发展目标的实现。风能在制造业中的应用提供了一个向更清洁、更可持续的能源体系转型的有效途径。随着技术的进步和政策的支持，预计风能将在制造业的能源结构中扮演越来越重要的角色，帮助企业实现其零碳目标并在全球市场中保持竞争力。

太阳能，作为一种高效且可持续的能源解决方案，正在逐渐成为制造业中重要的能源选项。太阳能通过特殊设计的太阳能电池板将太阳光直接转换为电能，为制造企业提供了一种清洁且经济的能源选择。许多制造企业已经开始在其工厂的屋顶或周围空地安装太阳能电池板，这些设施不仅可以直接为生产设备和照明系统等提供能源，还可以将未使用的电力回馈到电网，实现能源的高效利用。此外，太阳能热能的应用也在制造业中变得越来越普遍，它可以用于加热、干燥以及其他需要热能的制造过程，进一步提高能源利用效率和生产效率。

太阳能的使用具有显著的环境效益。作为一种干净的能源，太阳能的使用几乎不产生任何直接的碳排放，这对于那些寻求减少碳足迹和实现可持续发展目标的企业来说尤为重要。尤其在日照充足的地区，太阳能不仅能提供稳定且充足的能源，还能显著降低企业的运营成本，提高其在激烈的市场竞争中的优势。随着太阳能技术的持续发展和成本的降低，越来越多的企业开始认识到太阳能作为一种长期的能源解决方案的价值。

太阳能在制造业中的应用提供了向更清洁、更可持续的能源结构转型的有效途径。通过投资太阳能技术，制造企业不仅能减少对传统能源的依赖和碳排放，还能提高能源自给自足的能力，并降低长期的能源成本。随着技术的进步和政策的支持，预计太阳能将在制造业的能源结构中扮演越来越重要的角色，帮助企业实现其零碳目标，并在全球市场中保持竞争力。

先进材料与绿色制造

新材料技术在推动制造业朝着更绿色、更可持续的方向发展方面起着至关重要的作用。**生物基材料**和**纳米材料**等创新材料正逐渐改变制造业的面貌，提供了实现环保目标和优化产品生命周期的新途径。

生物基材料是从可再生生物资源（如植物、微生物和海洋资源）中提取的材料。与传统的基于石油的材料相比，生物基材料具有可再生、可生物降解和碳中和等优势。它们在多个领域中的应用不断扩展，包括塑料、纺织、包装和建筑材料等。例如，生物基塑料不仅可以减少对化石燃料的依赖，还能在废弃后通过生物降解减少环境污染。此外，生物基材料的使用也鼓励了农业废弃物和其他生物质资源的循环利用，推动了循环经济的发展。

纳米材料，由于其独特的物理和化学性质，正逐步成为制造业中的重要元素。这些材料在原子或分子级别上具有特殊的结构特征，使得它们在强度、耐热性、导电性和其他功能方面表现出优异的性能。纳米材料的应用范围广泛，从电子设备和能源存储到医疗和环境治理等各个领域。在制造业中，纳米材料可以用来制造更轻、更耐用、更高效的产品，同时还可以提高材料的回收利用率和节约资源。

要实现更可持续的产品生命周期，**绿色设计和工程**是关键。绿色设计强调在产品设计阶段考虑环境影响，包括选择可持续的材料、优化产品设计以减少材料和能源消耗、延长产品使用寿命，并确保产品的最终可回收或生物降解。通过绿色设计，制造商可以降低产品的整体环境足迹，同时满足消费者对环保产品的需求。

绿色工程则涉及在制造过程中采用环保技术和方法，如使用节能设备、减少废物产生和排放、利用清洁能源和循环水资源等。这不仅有助于减少制造活动对环境的影响，还能提高生产效率和成本效益。

通过结合新材料的应用和绿色设计与工程的实践，制造业可以实现更可持续的产品生命周期，减少对环境的负担，同时提升产品的性能和市场竞争力。随着技术的不断进步和消费者意识的提高，绿色制造将成为未来发展的重要趋势。

循环经济与废物管理

循环经济在制造业中优化生产流程，减少碳排放

循环经济是一种与传统的线性经济模式（取—制—用—废弃）截然不同的概念。它鼓励持续使用资源、最大限度地减少浪费，并在产品生命周期结束时重新循环使用。循环经济的核心原则是设计出可再生、可修复、可重用和可回收的产品和材料。在这一模式下，物质被视为循环使用的资源，而非一次性消耗的商品。

循环经济正在逐步改变制造业的传统运作方式，引领行业向更可持续的未来迈进。在这个过程中，制造商通过一系列创新实践，既减少了对环境的负面影响，也提高了资源的效率，同时创造了新的经济价值。循环经济在制造业中的关键应用有以下几个模块。

产品设计和**材料选择**。这是实现循环经济的基础。制造商开始选择可持续来源的材料，例如生物基材料或回收材料，这些材料在使用后易于回收或生物降解。同时，他们在产品设计阶段就考虑到产品的整个生命周期，使产品易于维修、升级，以及最终回收。这样不仅延长了产品的使用寿命，也减少了废物的产生和资源的浪费。在碳排放的源头控制方面，数字化提高企业材料的使用效率和精度，最大限度地减少材料、资源和能源的使用，从而减少碳排放。以能源使用效率为例，一方面，数字化可以优化能源消费结构。数字技术的应用和推广让企业更好地了解能源市场的动向和价格变动趋势，精准掌握能源数据，对能源数据进行实时收集、监测、传递和分析，引导能源要素实现高效率配置。另一方面，数字化可以提高能源采集效率。企业借助数字技术可以实现能源供给环节的集约化、数据化、精细化，为能

源生产运行提供安全可靠的技术支撑。例如国内某水泥厂通过先进控制系统（APC），优化操作参数，使熟料标准煤耗下降1公斤以上，能源优化效果显著。

生产过程优化。为了减少资源消耗和废物生成，制造业正在采用更高效的机器设备和生产流程。通过改进能源和材料的利用效率，以及采用精益生产等技术来减少过程中的浪费，企业能够以更低的成本生产出更多的产品，同时减少环境影响。在生产流程中的过程减排方面，数字化技术优化生产工序，增强生产设备和工序间的智能化协作，提高生产效率，从而减少碳排放。

再生利用和回收。循环经济鼓励企业在产品设计初期就考虑其最终的回收和再利用。通过提供修复服务、鼓励用户退回不再需要的产品，或设计易于拆解的产品，企业可以确保产品及其组件在生命周期结束后能够被回收利用，而不是成为废弃物。在废弃物末端治理方面，数字化的废弃物监测、控制和处理技术，能够对金属、冶金、化工等废渣进行重新分类，完善废弃物回收处理体系，最大限度地减少工业废弃物对环境的污染。数字化还可以优化供应链，实时监控废物生产者和管理公司的污染处理过程，有效回收废物，促进经济循环。例如大数据可以检测和监测污染源，有效评估企业的可持续发展目标。

业务模式创新。循环经济也激发了业务模式的创新。例如，一些企业开始提供**产品即服务**（Product-as-a-Service），即消费者支付使用产品的服务而非直接购买产品本身。这种模式鼓励企业设计更耐用、易于维护和升级的产品，因为产品的长寿命和低维护成本直接关系到企业的利润。

合作关系和伙伴关系。实现循环经济需要各方的共同努力。因此，制造商、供应商、消费者以及回收企业之间的合作变得至关重要。通过建立强有力的合作网络，各方可以共享资源、知识和技术，共同推动资源的有效循环利用，加速行业向循环经济的转型。

通过这些实践，制造业正在逐步实现资源的有效循环利用，减少对环境的影响，同时也为企业带来了新的增长机会。循环经济不仅是一种环保的生产模式，更代表了制造业创新和发展的新方向。

介绍废物回收、再利用和减少策略

废物回收、再利用和减少策略是实现零碳目标的关键组成部分，它们不仅减少了对新资源的需求，还减少了废物处理过程中的能耗和碳排放。这些策略通常被归纳为3R原则：Reduce（减少）、Reuse（再利用）和Recycle（回收）。

减少是3R原则中最有效的策略之一。它主要指减少资源的消耗和废物的产生。在制造业中，通过优化设计和生产流程，采用更高效的技术和材料，企业可以在生产同样数量的产品时消耗更少的资源和能源。此外，减少也涉及到消费者行为的改变，通过提高消费者对资源节约和环保的意识，鼓励他们购买更耐用的产品和更少的一次性产品，从而减少整个社会的资源消耗和废物产生。

再利用意味着在产品的使用寿命结束后，直接再次使用该产品或其组件，而不是将其丢弃。这可以通过修复损坏的产品、升级老旧设备或者将产品转卖给需要它的人来实现。再利用不仅减少了新产品生产的需求和相应的资源消耗，还减少了废物的产生和处理所需的能源消耗。为了促进产品的再利用，企业可以设计易于维修和升级的产品，并提供修复和维护服务。

回收是指将废物材料转换成新的原料，并用它们来制造新产品。这包括常见的纸张、塑料、金属和玻璃的回收，以及电子废物和有害废物的专门回收。通过回收，资源得以循环利用，减少了对新资源的开采和加工，从而减少了能源消耗和碳排放。同时，回收还减少了废物填埋和焚烧的需求，进一步降低了环境影响。

智能制造与自适应生产

智能制造系统、**自适应生产技术**和**定制化生产**是制造业技术革新的重要组成部分，它们在提高生产效率、减少资源消耗以及满足个性化市场需求方面发挥着重要作用。

智能制造系统是利用信息技术和智能化设备对生产过程进行优化管理的系统。通过整合物联网（IoT）、大数据分析、人工智能（AI）等技术，智能制造系统能够实时监控生产过程，预测设备维护需求，自动调整生产计划，从而提高生产效率和产品质量。例如，通过分析生产数据，系统可以识别浪费和低效环节，并自动进行调整或提出改进建议。此外，智能制造还能减少能源消耗和材料浪费，通过精确控制生产过程，确保资源的最优利用。

自适应生产技术是指能够根据不同生产条件和需求自动调整的技术。这类技术通常基于传感器、控制算法和机器学习技术，能够实时感知生产环境变化和产品规格要求，然后自动调整设备参数和生产流程。这不仅使得生产过程更加灵活高效，也减少了因手动调整导致的错误和延迟。自适应生产技术特别适用于变化快速、要求高度定制化的生产环境。

定制化生产则是指根据消费者的个性化需求生产产品的能力。随着消费者对产品个性化和多样化需求的增加，定制化生产成为企业获得竞争优势的重要方式。通过使用灵活的制造技术，如3D打印和模块化设计，企业能够快速响应消费者需求，生产出符合个性化需求的产品，而不会造成过多的成本和资源浪费。定制化生产不仅提高了消费者满意度，也使企业能够更有效地控制库存和减少过剩生产。

第2节　制造业的转型：在技术创新和零碳目标之间的平衡

在推进技术革新和实现零碳制造的道路上，制造业面临诸多挑战。首先是技术挑战，尽管新兴技术如人工智能、物联网和可再生能源技术具有巨大潜力，但它们的实际应用往往需要克服高昂的成本、技术成熟度不足和缺乏技术标准等问题。其次是资金挑战，技术创新和转型过程往往需要大量初期投资，而这对许多企业来说是一个重大的财务负担。此外，市场和政策不确定性也会对企业的投资决策产生影响。各行业的碳排放约束条件不同，对企业数字化转型的影响也不一样。依据世界投入产出数据库（WIOD）所公布的各行业碳排放占比，化学制品、非金属矿物、基本金属和金属制品作为高碳行业，其他行业作为低碳行业，高碳行业和低碳行业的数字化转型路径存在显著差异。

低碳行业中，具有丰裕的产业信息和良好政商关系是企业数字化转型的关键条件，企业具有多种组织优势因素，如企业规模、管理经验和生产实践等条件，也能够有效促进数字化转型。即便在企业技术创新能力较低的情况下，高水平的数字设施和良好的制度质量也能够有效弥补上述不足且促进数字化转型。而高碳行业的数字化转型路径则高度依赖企业的技术创新能力和企业规模。管理经验、产业信息丰裕度和政商关系同样也是必要的。高碳行业往往需要投入大量资本对生产端进行数字化改造；而低碳行业更多的是对物流端以及销售端进行数字化改造，对企业的持续资源投入的要求相对较低，对智力资本的要求更高。相比于企业规模和企业能力，低碳行业中管理经验和生产实践更为重要。

尽管挑战重重，但新兴技术也为企业带来了前所未有的机遇。企业可以通过采用新技术来提高生产效率、降低成本、提升产品质量和响应市场需求。同时，通过走在技术革新的前沿，企业可以在激烈的市场竞争中获得优势，并为自己建立起绿色、创新的品牌形象。然而，抓住这些机遇的同时，企业也需要谨慎应对技术引入可能带来的风险，如技术不成熟导致的失败风险、数据安全问题和对旧有业务的冲击。

低碳化和数字化是制造业转型升级的重大挑战。以数字化转型来推动零碳制造，蕴含着企业发展的战略契机。然而数字化转型前期投入大、行业异质性特突出、投资的专用性强，使得制造业企业的数字化转型更为艰难。企业应根据所处行业、主导技术特征和企业自身特质来制定内部数字化转型战略和零碳目标，而政策制定者、行业协会、数字平台和咨询公司则可以在外部数字化发挥重要作用。

它不仅能够帮助企业提高资源利用效率和生产力，还能够通过智能制造、循环经济和绿色能源等方式，帮助企业减少能耗和碳排放，实现可持续发展。随着全球对气候变化和环境保护关注的不断加深，零碳制造已经成为未来制造业发展的重要方向。

展望未来，制造业的发展将越来越依赖于技术创新。为了在这个快速变化的环境中保持竞争力，企业需要不断探索和采用新技术，同时加强对市场动态和政策变化的关注，制定灵活的战略来应对可能的风险和挑战。政府和行业组织也应该提供必要的支持，包括资金支持、政策引导和技术标准制定等，以促进技术创新和产业升级。中国制造业既不会被零碳目标束缚手脚，也不会停下自身的前进步伐，我们真心实意地落实国家的承诺，为子孙后代有一个美好的世界奉献智慧与汗水。

第6章　战略规划与国际标准

为了促进零碳制造，强化相关标准、监测和考核体系的建设是至关重要的。由于零碳制造跨越多个行业，涉及众多生产细节，其标准不仅需要涵盖能源供给、生产制造、运营管理、信息化协同、零碳绩效等通用要求，还需政府与行业企业合作，根据不同行业特点制定具体的零碳制造标准和评价指标体系。目前，多家企业和行业协会正积极探索建立相关行业的零碳制造标准。例如，2022年，中国节能协会、中国标准化研究院等机构联合发布了全球首个完整、可量化的零碳工厂建设标准和评价细则。同年，联想集团也启动了首个ICT行业零碳制造标准的制定，这将进一步丰富绿色制造标准体系，并提出评价通用要求，覆盖零碳产品、生产和供应链等方面。建立明晰的零碳制造标准体系不仅有助于明确其界定和实现路径，还将引导企业创建零碳工厂，实现零碳制造，从而有序推进国家双碳目标的实现。

第1节　制定和引领国际绿色标准的重要性

在当下的国际政治与经济的框架中，国际绿色标准在全球减碳努力中依然起着至关重要的作用，为不同国家和地区提供了一个统一行动的强制性框架。这些标准作为共同的参考点，确保全球各地能够协调一致地朝着减少温室气体排放的共同目标前进。它们的存在乐观地说减少了各国单独行动的复杂性和成本，使全球减碳努力更加集中和高效。这些国际绿色标准通过定义清晰、一致的减碳方法和指标，显著提高了环境行动的透明度和可比性。这一点至关重要，因为它允许国家、组织甚至个人能够有效地衡量和比较不同减碳努力的成效。透明的标准和报告系统不仅有助于建立公众信任，也促进了全球减碳目标的达成。

此外，国际绿色标准对于促进全球范围内的技术和知识转移也至关重要。这些标准鼓励技术创新和最佳实践的共享，从而加速了清洁技术的发展和应用。这不仅有助于降低减碳的成本，也加速了全球向低碳经济的过渡。当然，坦率地说，对于绝大多数全球南方国家，美西方相关知识产权的存在，并没有使被鼓励的共享得到有效落实，惠及全体。不过随着中国制造的不断崛起，横亘在全球南方国家面前的知识产权壁垒正在一道一道地消失，旭日东升，所及之处，冰雪消融！

国际绿色标准增强了市场对绿色产品和服务的信心。通过提供一个公认的准则，它们帮助消费者和投资者识别真正的绿色产品和服务，从而促进了绿色市场的发展。这不仅对环境有益，也为企业创造了新的商业机会，推动了经济的绿色增长。

总的来说，国际绿色标准在引导全球减碳努力、提高透明度、促进技术发展、增强市场信心方面发挥着不可替代的作用。随着全球对气候变化问题认识的不断深入，这些标准的重要性只会进一步增强。

国际绿色标准的当前现状

国际绿色标准是引导和监督全球环境保护工作的重要工具。《巴黎协定》是全球应对气候变化的一个重要里程碑。作为《联合国气候变化框架公约》（UNFCCC）下的一份协议，它标志着各国共同致力于限制全球平均气温上升，以应对气候变化带来的挑战。

ISO 14000系列环境管理标准由国际标准化组织（ISO）制定，为组织提供了一套全面的环境管理指南和最佳实践。其中，ISO 14001标准是该系列中最知名的，它为企业提供了建立有效环境管理体系的框架。这个框架不仅帮助组织实现环境目标，符合法律和政策要求，还鼓励持续改进环境表现。通过实施ISO 14000标准，组织能够更有效地管理其环境影响，同时提升其在市场上的绿色形象。这些标准在全球范围内被广泛接受和应用，因为它们不仅有助于减少对环境的负面影响，还能通过提高效率降低成本，增强组织的市场竞争力。

碳披露项目（CDP）为全球公司和城市提供了一个平台，公开披露与气候变化相关的数据。通过鼓励企业和城市披露关于温室气体排放、水资源管理和森林保护的信息，CDP推动了全球对环境影响的透明度和认识，同时激励私营部门和公共机构采取行动，减少对环境的负面影响。随着越来越多的组织参与CDP披露，这一倡议在全球范围内的接受度和影响力不断增强。

绿色建筑标准，如LEED和BREEAM，是评估建筑项目环境效能和可持续性的重要工具。LEED由美国绿色建筑委员会（USGBC）推出，而BREEAM是由英国建筑研究院（BRE）开发，它们都旨在鼓励建筑设计和建造的可持续性实践。这些标准通过提供一个评估框架，帮助项目团队识别和实现节能、水资源保护、室内环境质量改善等方面的机会，推动了建筑行业向更绿色、更可持续的方向发展。这些标准对推动建筑行业的绿色转型产生了显著影响，使建筑项目在节能、减排和提高室内环境质量等方面得到了实质性改进。

全球报告倡议（GRI）标准是一套广泛接受的国际标准，旨在帮助组织向各利益相关者报告其经济、环境和社会表现。GRI标准为组织提供了一种通用的语言，用于披露与可持续发展相关的非财务信息。这些标准不仅帮助组织提高其透明度和责任感，也为投资者和消费者提供了评估组织可持续性表现的重要工具。GRI标准被广泛接受，使企业能够更有效地传达其可持续性表现，同时帮助投资者和消费者做出更明智的决策。

这些国际绿色标准在不同领域和层面上为全球环境治理提供了指导和框架，促进了全球向更可持续和环保的未来迈进。通过采纳这些标准，组织和国家可以更有效地管理环境风险，提高资源效率，并对抗气候变化的影响。

国内外在减碳规划上的表现和进展

各个国家和地区的减碳计划和政策各有特色，体现了它们不同的经济结构、能源需求、技术能力和政治愿景。欧盟**在纸面上**制定了雄心勃勃的《欧洲绿色协议》，旨在到2050年实现碳中和，即将净温室气体排放减少到零。欧盟通过一系列法律和政策实施这一目标，包括碳排放交易系统（ETS），这是一个市场驱动的机制，旨在通过设定排放上限和允许排放权交易来减少温室气体排放。欧盟还在法规上制定了严格的能效标准，鼓励可再生能源的使用，并投资于绿色技术和基础设施。不过正如之前所说，近年来，随着局面的变化，欧盟各国已放弃了若干目标，从这些纸面上雄心勃勃的目标上作了大幅度的后退。

美国的减碳政策始终受到政治因素的强烈影响。在奥巴马时期，2014年，美国环境保护局提出了《清洁电力计划》，旨在减少电力行业的碳排放。然而，这一计划在特朗普时期遭到了挑战。2017年3月特朗普签署行政令让环保局重新审核这项计划，当年10月10日，《清洁电力计划》被美国正式废除。如今，随着特氏的重新掌权，美国的减碳政策前景将更加晦暗不明。

只有中国坚定地履行着自己的承诺，在提出了双碳目标之后，为实现这些目标，中国采取了一系列措施，包括提高能效，大力发展可再生能源，推动电动车和其他清洁能源车辆的使用，以及实施国家碳交易市场。中国的减碳努力不仅关注国内减排，也通过"一带一路"倡议等方式，在国际上推广绿色发展。与其他国家和地区相比，中国的成就遥遥领先。2023年，中国新增太阳能发电装机容量216.88吉瓦，远超全球第二大太阳能市场美国的175.2吉瓦的总装机容量。216.88吉瓦大约相当于2.2亿千瓦，三峡电站的总装机容量是0.22亿千瓦。同时，中国2023年还新增风能发电装机容量75.9吉瓦，同样创下历史新高。在风能和太阳能上，我国都双双取得重大进展。目前，中国在全球光伏市场的占有率达到了85%以上。不仅如此，中国还生产了全球85%的太阳能电池、88%的太阳能级多晶硅以及97%的构成太阳能电池核心的硅锭和硅片。坦率地说，欧盟和美国的光伏装机根本离不开中国。至于新能源汽车就更不用说了，根据国际能源署2023年上半年的数据，中国电动车销量约占全世界的60%，2023年全年，中国新能源汽车产销量连续9年位居世界第一。

第2节 零碳制造，绿色转型： 中国必须建立标准

"碳中和"目标为中国经济和产业结构的重塑、实现跨越式发展

和提升产业竞争力提供了巨大机遇。在绿色低碳领域，中国已经积累了一系列技术和市场优势，尤其在新能源、电动汽车和零碳工业等方面，部分领域已经走在了世界前列。如果在前几次工业革命中，中国还是一个跟随者，那么在这次以智能化、绿色化为特征的第四次工业革命中，中国无疑已成为领跑者，拥有了明显的技术优势。此外，中国拥有全球无与伦比的统一大市场，这种超大规模市场不仅降低了制度和流通成本，还通过规模效应进一步减少了生产成本，为零碳企业及其产品提供了更大的市场优势。迈入"碳中和"新时代、推进高质量和可持续发展的核心所在。

但是，当前，零碳制造在业界尚未有一个统一、权威且明确的评价标准指导实践。这与零碳制造本身的复杂性密切相关。即便是较为狭义的零碳制造在不同的工厂环境下，也因涵盖众多细分制造业（如钢铁、有色、石化等）而存在较大差异。在国际层面，已有若干评价准则如PAS2060、ISO14064等普遍应用于24个行业的温室气体排放核算，同时也包括一些国际机构和行业组织发布的指南和准则，如SBT（科学碳目标倡议）和TPI（转型路径倡议）等。在这个局面下，作为领跑者的中国，必须建立自己的零碳制造的标准，全国统一，引领世界。

不过，针对当前国内制造业面临的零碳转型趋势，虽然零碳标准体系在短时间内难以统一，但在"双碳"目标下重塑产业优势的过程中，我们可以先行探索和确立一些标准基准线和制定原则。

为实现零碳转型并构建健全的零碳标准体系，需要一个多层面、多维度的战略方法。其中，完善顶层设计和分层管理机制至关重要。这意味着需要从整体规划到技术实施，再到目标效用等多个层面综合考虑标准的适用性。加强标准的配套性和协调性对于确保不同场景下制造标准体系的统一和协调至关重要。这种方法不仅涉及政策制定者和监管机构，也需要企业和行业参与者的积极协作，共同推动标准体系的健全发展。

另外，技术创新在零碳标准体系中占据核心地位，应被视为转型升级的关键动力。依靠前沿技术和创新，低碳乃至零碳的跨越式发展才能成为可能。这不仅需要政府的研发支持和政策激励，还需要各类企业部门的投入和创造力，以及公众对新技术的接受和应用。通过这种协同合作，可以增强全球气候的适应能力并推动绿色增长。强化标准与规划、政策和行业的联动，采取小步快跑、先行先试的策略是实现零碳目标的有效途径。在短时间内无法实现全行业统一标准的情况下，应聚焦细分行业和特定场景。通过联合行业领先企业和产业链生态在小范围内进行探索和实践，可以强化先进标准的贯彻执行，并为更广泛的应用提供宝贵的经验和数据。

当然，我们还需重视国内标准与国际标准、准则的对接和沟通，使中国标准走向世界至关重要。在全球范围内，"零碳转型"正面临前所未有的紧迫性和共鸣。通过建立国内外标准技术组织的多方面、深层次合作机制，不断加强国内标准与国际标准、准则的对接和协同，可以扩大国际标准的影响力。这不仅有助于提升中国标准、产品、品牌和企业的国际竞争力，也有助于推动全球的绿色发展和可持续发展目标的实现。由此构建一个更加全面、有效和有影响力的零碳标准体系，引领全球绿色转型的潮流。

2024年7月中旬召开的中国共产党第二十届三中全会，重点部署了加速经济社会全面绿色转型的任务，并通过了《中共中央关于进一步全面深化改革，推进中国式现代化的决定》，对绿色发展提出了更加全面的要求。为了贯彻落实三中全会的精神，进一步强化战略布局和顶层设计，8月11日，中共中央和国务院发布了《关于加快经济社会发展全面绿色转型的意见》，该文件对如何加速经济社会的绿色转型进行了系统规划和总体安排，当此之际，我们必将逐步构建一个全面、统一且高效的零碳制造标准体系，为中国制造业的可持续发展铺平道路。

第 7 章　金融的力量与绿色制造业

　　数字经济是低碳发展的重要引擎，做大做强数字经济，并将其与实体经济深入融合，就是在夯实经济社会高质量发展的"绿色基石"。许多经济学家都对经济发展的推动因素进行过深入研究。诺贝尔经济学奖罗伯特·索洛（Robert Solow）教授1956年提出的索洛模型（Solow growth model）的基本思路是，任何一个国家、一个经济体的经济增长，可以用要素投入的增长和要素使用效率，即全要素生产率（TFP, Total Factor Production，通常叫作技术进步率）的增长来解，并成为现代经济增长理论的基石。索洛的经济增长模型打破了一直被人们所奉行的资本积累是经济增长的最主要的因素的认识，向世人展示，长期经济增长除了要有资本和充足的劳动力外，更重要的是由技术进步决定的。

　　"以数字化智能化赋能绿色化"也是最新印发《工业领域碳达峰实施方案》中提出的工业减碳思路，这与"零碳红利"概念中"低碳技术红利"维度一脉相承。在"双碳"目标的背景下，大数据、人工智能等数字技术和数字产业生态系统为产业可持续发展和绿色转型提供了前所未有的契机。数字化改变了创新要素的组合方式，降低了创新交易与契约成本，正在成为驱动创新发展与绿色转型的主导力量。以数字化转型推动零碳制造，也是实现经济持续发展与生态文明建设的共赢策略。

为了减轻工业低碳转型的成本并加快其步伐，需要强化财税、金融、投资和价格等政策支持。这包括完善税收和财政政策，确保各级政府能够更有力地支持绿色低碳产业的发展和技术研发。通过增加绿色低碳产品的采购，以及采用补贴和税收减免等手段，可以加速这些技术的市场化进程，并促进其广泛推广和普及。

此外，有效利用各种资金渠道，如工业转型升级、清洁技术改造、园区循环低碳化、节能减排和科技计划等，以及政府与社会资本合作模式，将进一步增强对绿色制造相关专项的支持力度。同时，发展绿色金融并拓宽低碳工业的融资渠道也至关重要。鼓励银行和担保机构为零碳制造的创新与转型提供担保服务和信贷支持，以及创新和发展能效贷款、排污权、碳排放权抵押和质押贷款等金融产品，都是支持工业低碳转型的有效途径。通过这些综合措施，可以有效降低工业向低碳转型的成本，并加快绿色、低碳技术的应用和推广。

第1节　金融赋能绿色制造业

金融工具与绿色投资的现状和趋势

绿色投资的定义和重要性

绿色投资是指那些专门用于资助和促进环境友好项目的投资活动，旨在实现环境效益和经济收益的双重目标。这类投资通常专注于支持那些对环境有积极影响的项目，如可再生能源的开发、能效提升、减少污染和废物以及保护自然生态系统等。绿色投资的核心是可持续性，即在追求经济利益的同时，考虑长期的环境影响和社会责任。这不仅包括传统的环境保护项目，还可能涉及到创新的绿色技术和可持续的业务模式。通过绿色投资，投资者能够为减缓气候变化、保护自然资源、提高能源效率和促进清洁能源使用等全球性环境议题做出贡献。此外，随着全球对可持续发展和环境保护意识的增强，绿色投资也被视为一种风险管理工具。通过投资于环境友好的项目和公司，投资者可以减少因环境问题导致的潜在财务风险，并能从转向更绿色和可持续发展的全球趋势中获益。

绿色投资在促进环境可持续性和应对气候变化方面发挥着至关重要的作用。通过将资本引导到那些对环境和社会有积极影响的项目和企业，绿色投资有助于推动全球向更清洁、更绿色的经济体转型。

当前金融工具的概述

支持绿色制造业的金融工具包括**绿色债券**、**绿色基金**和**绿色信贷**，这些工具提供必要的资金，促进环境友好型项目和企业的发展。

绿色债券是一种重要的金融工具，它允许企业和政府筹集必要的资金来投资于环保项目，特别是那些与制造业相关的项目。例如，一家制造企业可能会通过发行绿色债券来筹集资金，用于转型为使用可再生能源的生产过程，或者升级其工厂以减少能源消耗和排放。投资者购买这些债券不仅能获得财务回报，也能为环境保护做出贡献，因为他们的资金直接支持了减少污染和提高能效的项目。

绿色基金则为投资者提供了一个机会，使他们能够投资于实施绿色业务实践的公司，这些公司可能是在传统制造业中寻求更环保替代品的先锋，或者是提供创新环保产品和服务的新兴企业。通过投资于这些基金，投资者可以支持和促进那些致力于开发节能技术、可持续农业解决方案、绿色交通工具等领域的公司。绿色基金不仅有助于推动清洁技术和可持续实践的发展，还提供了促进经济增长和创造就业机会的潜力。

最后，绿色信贷为制造业中希望改善其环境绩效的企业提供了资金。这些贷款通常有更优惠的条件，鼓励企业采取措施减少废物、降低能耗和减少污染物排放。例如，一家小型制造企业可能利用绿色信贷来投资于更高效的机器或改进其废物管理系统。这种金融支持不仅有助于企业降低运营成本，而且还有助于建立更加绿色和可持续的制造业。

绿色投资的现状与趋势

当前全球和地区绿色投资的规模和增长趋势表现出显著的增长和挑战。截至2023年，全球能源投资预计将达到创纪录的2.8万亿美元，这包括对可再生能源、化石燃料、电网和储能的投资。这表明对能源部门，特别是可再生能源的强烈兴趣和投资，突显了全球对绿色和可持续能源解决方案的不断承诺。

然而，投资领域并非没有挑战。联合国贸易和发展会议（UNCTAD）的《2023年世界投资报告》强调，发展中国家在努力实现2030年可持续发展目标（SDGs）时面临的年度投资赤字正在增长。这一差距已从2015年SDGs通过时的每年2.5万亿美元增加到约4万亿美元。这个赤字突显了对这些地区增加财务支持和投资的重大需求，以实现可持续性目标。

全球绿色经济本身经历了波动，但在2023年呈上升趋势。由于高通胀、利率上升和地缘政治紧张等因素，绿色经济在2022年经历了低迷，但现在正在进入增长的下一个阶段。这种复苏表明，尽管经济和政治挑战，人们对绿色投资的承诺仍在持续。

关于外国直接投资（FDI），全球FDI在2022年下降了12%，反映出更广泛的市场不确定性，以及可能在全球经济压力下对大规模长期投资的犹豫。然而，对可持续能源的关注仍然强烈，特别是在发展中国家，这些国家每年需要约1.7万亿美元的可再生能源投资，但只吸引到了5 440亿美元。这一巨大差距表明了这些地区绿色投资增长的巨大潜力，以及迫切需要增加资本来支持它们向可持续能源解决方案的转变。

总的来说，当前全球和地区绿色投资的规模和增长趋势呈现出一个复杂但充满希望的格局。虽然在可再生能源领域有着显著的增长和兴趣，但发展中国家的投资赤字和市场条件的波动等挑战仍然是重要的障碍。持续增加绿色投资的承诺对于实现可持续和环境韧性的未来至关重要。

面临的挑战和机遇

绿色投资虽然在全球范围内越来越受到重视，但在实践中仍面临着一些重要的障碍和挑战。在推动绿色投资的过程中，存在一系列挑战需要被克服。首先，全球范围内缺乏统一的绿色投资标准和定义是一个重要问题。不同的机构和国家往往有着不同的标准来界定什么是"绿色"项目或企业，这种不一致性可能导致混淆和误解，使得投资者难以评估和比较不同的绿色投资机会。为了促进绿色投资的全球发展，建立一个统一且广泛认可的绿色投资标准至关重要。

其次，绿色投资市场的不成熟和信息不对称也是重要的挑战。由于绿色投资市场相对较新，许多投资者和金融机构可能缺乏相关的经验和知识。同时，信息不对称使得投资者难以获得足够的信息来正确评估绿色投资项目的风险和回报。提高市场透明度和信息披露质量，以及加强投资者教育和培训，对于解决这一挑战至关重要。

融资难度和成本问题也阻碍了绿色投资的发展。许多环保项目特别是大型的基础设施项目需要巨额的初始投入，并且回报周期较长。技术和市场风险也使得银行和投资者对提供资金持谨慎态度。为了解决这一问题，需要创新金融机制和产品，降低融资成本，同时提供政策激励和支持。

政策和法律环境的不确定性同样影响着绿色投资的发展。政策的不稳定性，如补贴的突然取消或政策方向的改变，可能会增加投资风险，使投资者犹豫投资于长期项目。稳定且长期的政策支持对于提升投资者信心和促进绿色投资至关重要。

此外，技术风险是投资新兴绿色技术时需要考虑的一个重要因素。许多绿色技术相对较新，可能还没有完全成熟，因此投资这类技术总是伴随着风险。为了降低这一风险，需要加强技术评估和监测，并通过多样化投资组合来分散风险。

市场机制的不足也限制了绿色投资的吸引力和潜力。有效的市场机制，如碳定价和交易系统，对于促进绿色投资至关重要。在许多地区，这些机制尚未建立或不够健全，需要国际合作和政策创新来推动这些机制的建立和完善。

最后，公众意识和接受度对于绿色投资的发展同样重要。虽然公众对环境问题的关注在增加，但对于绿色投资的认识和接受度仍有限。提高公众和企业对绿色项目和技术的理解，以及对环保行动的支持，对于推动绿色投资的广泛应用和发展至关重要。

解决这些障碍需要各方面的努力，包括制定统一的标准、提高市场透明度、建立稳定的政策环境、促进技术创新和发展有效的市场机制。通过这些措施，绿色投资的潜力可以得到更好的实现，为实现全球可持续发展目标做出更大的贡献。

金融创新如何加速绿色制造业的发展

金融创新：驱动绿色制造业转型的关键力量

金融创新在推动绿色制造业转型中发挥着至关重要的作用，绿色制造业的转型是一个资本密集且复杂的过程，它通常需要巨额的初期投资来研发新技术、更新设备和改善生产过程。为了支持这一转型，金融创新提供了一系列工具和机制来提供必要的资金。绿色债券、绿色基金和绿色信贷等创新金融工具能够专门用于资助绿色项目，通过降低企业的财务负担，加速其向更环保和高效的生产方式的转型。这些工具不仅使得资金更易获得，还常常提供相对优惠的条件，进一步激励企业进行绿色改革。

此外，金融创新在降低投资风险方面也发挥着重要作用。通过风险分担机制和保险产品，企业可以减轻因采用新技术或新业务模式而可能遭受的潜在损失。例如，公私伙伴关系（PPP）等模式通过在公共部门和私人部门之间合理分配风险和收益，降低了私人投资者的风险，鼓励了更多的投资进入绿色制造业。

金融创新还能激发技术和业务模式的创新。基于绩效的融资模式，如合同能源管理（EMC），通过将融资与项目的环境绩效挂钩，鼓励企业采用能效更高的设备和技术。这种模式不仅鼓励企业寻找和实施更加绿色和高效的生产方式，还确保了投资的回报与项目的实际环境绩效相挂钩。

在提高市场透明度和效率方面，金融创新，特别是涉及到数字技术如区块链和大数据的，正在发挥越来越重要的作用。区块链技术可以用于追踪和验证绿色产品的来源和环境影响，帮助消费者和投资者做出更加明智的决策。这种增加的透明度不仅提高了绿色制造业的信誉，还吸引了更多的投资和消费者支持。

最后，金融创新通过创建新的市场机制，如碳交易市场和绿色证书，能够引导资金流向更可持续的项目。这些机制通过将环境成本和效益纳入经济决策，提供了减少排放和采用可再生能源的经济激励。这样不仅鼓励了企业投资于绿色制造和其他可持续活动，也促进了整个社会资源的有效配置和环境的长期健康。总而言之，金融创新为绿色制造业的转型提供了资金、降低了风险、激发了创新、提高了市场透明度，并引导资金流向更为可持续的项目。通过这些作用，金融创新是推动绿色制造业转型和实现可持续发展目标的关键驱动力。

金融创新：推动企业融资和风险管理的关键途径

金融创新在帮助企业获取资金和管理风险方面发挥着重要作用，具体体现在以下几个方面。

金融创新为企业，特别是小型企业和初创企业，提供了更多元化的融资渠道。传统的融资方式，如银行贷款和股权融资，可能不总是可行或适用于所有类型的企业。现代的金融工具如众筹、绿色债券和绿色基金等，为这些企业提供了更多的选择和机会。这些渠道常常对小型企业或初创企业更加友好，提供更灵活和可访问的资金来源。通过多样化的融资渠道，企业可以根据自己的具体需求和条件选择最适合的资金来源，从而促进其成长和发展。

同时，某些金融创新产品，如绿色债券或特定的贷款项目，可能提供更优惠的利率或税收优惠。这些优惠条件降低了企业的融资成本，对于资金密集型的绿色项目尤为重要，因为这些项目通常需要大量的初期投资。通过降低融资成本，这些金融创新产品使得绿色和可持续项目更加可行和吸引人。

金融创新还允许企业通过多种方式来分散风险。衍生品和保险产品可以帮助企业对冲货币波动、利率变化和其他市场风险。此外，通过吸引多样化的投资者群体，企业可以减少对单一融资来源的依赖，从而分散融资风险。这些风险管理工具使企业能够更有效地管理那些可能严重影响其财务状况的风险。

在提高透明度和效率方面，金融技术创新如区块链和智能合约正

在发挥越来越重要的作用。这些技术能够减少交易成本，加快资金流动，并提供更安全可靠的记录保持机制。通过提高透明度和效率，这些创新帮助企业更好地管理其财务和风险，同时增强了投资者和合作伙伴的信任。

最后，金融创新产品往往提供更大的灵活性，可以根据企业的特定需求进行定制。 可变利率的贷款产品、定制的保险解决方案和特定条件的融资协议都可以根据企业的大小、行业和风险偏好进行调整。这种灵活性和定制化使得金融创新产品能够更好地满足各种企业的独特需求，促进它们的增长和成功。

总体来说，金融创新通过提供更多元化的融资渠道、降低资金成本、提供风险管理工具和提高市场透明度等方式，极大地帮助企业获取资金和管理风险。通过利用这些创新解决方案，企业能够更有效地追求成长和稳定，同时减少潜在的财务不确定性。

金融创新在绿色投资中的关键角色

新兴的金融工具和机制正在不断发展，为绿色投资和可持续发展提供新的动力。以下是一些重要的创新。

绿色投资银行（Green Investment Banks, GIBs）正在发挥越来越重要的作用，为环境友好项目和技术提供专门的资金和专业知识。这些通常由政府设立的公共或半公共金融机构旨在克服绿色市场的资金障碍。通过提供贷款、担保和风险资本等多种方式，GIBs支持清洁能源、能效改进和其他可持续发展项目。它们的主要目标是吸引私人资本投资到通常被视为风险较高的绿色项目中，从而加速向可持续未来的过渡。

绿色房地产投资信托（Green REITs）则为投资者提供了一个独特的机会，使他们能够间接投资于符合特定环境标准的房地产项目，如能效高、碳排放低的建筑。这些REITs专注于绿色房地产市场，提供流动性和风险分散的同时，支持环境可持续性目标。通过绿色REITs，投资者不仅能够获得潜在的经济回报，也能对推动可持续建筑和绿色城市发展作出贡献。

碳交易市场是另一个推动环境改善的创新机制。通过允许企业买卖碳排放权，这种市场化机制通过为碳排放定价来激励减少温室气体排放。这不仅鼓励企业采取措施减少碳排放，还为那些需要更多时间来减排的企业提供了灵活性。随着全球对气候变化的关注不断增加，碳交易市场在许多国家和地区变得越来越活跃，成为实现减排目标的关键工具。

绿色债券和可持续发展目标债券（Sustainability Bonds）提供了直接资助环保项目的途径。绿色债券专门用于资助如可再生能源、节能技术或清洁交通等环保项目，而可持续发展目标债券则更广泛地支持符合特定可持续发展目标的项目，包括社会和经济效益。这些金融工具使投资者能够直接参与资助绿色和可持续项目，同时为发行者提供实现其可持续发展目标的资金。

绿色基金和交易所交易基金（ETFs）为投资者提供了一种投资于绿色企业和项目的方便途径。这些基金通过投资于多个资产来分散风险，同时反映投资者的环境价值观。随着公众对环境问题的日益关注，这些绿色基金和ETFs为希望其投资与个人信仰相符的投资者提供了吸引人的选择。

这些新兴金融工具和机制为实现更可持续的未来提供了资金和激励，并正在逐步改变投资者和企业的行为。随着公众和政府对环境问题的关注不断增加，预计这些工具将继续发展和创新，以满足日益增长的绿色融资需求。

金融创新在绿色产业中的策略建议

为了充分发挥金融创新在加速绿色制造业发展中的关键作用，对于政策制定者而言，关键的任务包括制订并实施一套统一的绿色金融标准和定义，这不仅提高了市场透明度，还增强了投资者和公众的信任。此外，实施税收优惠、补贴和其他财政激励措施可以显著减轻绿色项目的初始投资负担，从而激励更多的绿色创新。同时，政策制定者应支持金融创新的研究和开发，包括推动技术试点和示范项目，这对于探索和验证新的绿色解决方案至关重要。最后，加强公共教育和提升公众对绿色投资重要性的认识，是确保长期可持续性和公众支持的关键。

对于投资者而言，深入了解绿色金融工具和项目至关重要，这不仅包括对其潜在长期回报和风险的理解，也包括对如何通过投资促进可持续发展的认识。他们应考虑构建多元化的绿色投资组合，以分散风险的同时促进多个领域的可持续发展。此外，投资者应积极参与行业对话和标准制定过程，以推动更大的透明度和行业责任。

对于制造业企业而言，积极探索和利用各种金融创新工具是筹集绿色转型和技术升级资金的关键。这不仅包括直接的财务工具，还包括能够帮助缓解风险和增强投资吸引力的机制。同时，制造业企业应加强与政府、金融机构和其他企业的合作，共同推动技术创新和最佳实践的应用。通过这样的合作，企业不仅能分享风险，还能共享知识，加速绿色转型过程。

金融创新在推动绿色制造业和广泛的环保投资中扮演着不可或缺的角色。通过政策、市场和技术的共同努力，未来的金融创新将更有效地满足绿色制造业的特殊需求，为实现更加绿色、可持续的未来做出关键贡献。

第2节　策略建议与实践案例

企业如何利用金融工具优化绿色战略

理解绿色金融工具的概念

绿色金融工具是一系列设计用来支持和促进环保项目、减少对环境的负面影响、应对气候变化以及促进可持续发展的金融产品和服务。这些工具旨在吸引私人投资到绿色项目中，同时也为投资者提供经济上的回报。

绿色债券。绿色债券是企业或政府为资助特定的环保项目而发行的债券。这些项目通常涉及可再生能源、能效提升、污染控制、可持续水管理等领域。绿色债券的收益专门用于这些项目，投资者可以通过购买绿色债券支持环保项目，同时获得稳定的回报。例如，国际金融公司（IFC）发行的绿色债券就用于投资在发展中国家的气候友好项目。

绿色基金。绿色基金是专门投资于环保和可持续发展项目的投资基金。这些基金可能专注于特定领域，如清洁能源、可持续农业或绿色科技，或者采取更广泛的可持续投资策略。绿色基金为投资者提供了一种便捷的方式来多样化其投资组合，同时支持绿色发展。例如，全球环境基金（GEF）就支持了多个关注环境保护和可持续发展的项目。

可持续投资。可持续投资是一种投资策略，考虑到环境、社会和公司治理（ESG）因素，旨在实现长期的财务回报和社会/环境的正面影响。可持续投资不仅关注投资回报，还考虑投资对社会和环境的影响。例如，投资者可能会选择投资那些有良好环境记录、积极实施可持续发展策略的公司。

绿色金融工具通过将资金引导至可持续项目和公司，促进了环境保护和气候行动。它们提供了必要的资金来发展清洁能源、提高能源效率、保护自然资源等，这些都是应对气候变化、减少环境破坏和促进长期可持续发展的关键措施。通过提供经济激励，绿色金融工具鼓励企业和个人采取更环保的做法，并投资于可持续技术和项目。此外，它们还有助于提高公众对环境问题的意识，并通过展示绿色投资的经济潜力，推动更广泛的社会和经济转型。

企业利用绿色债券支持可持续项目

绿色债券是一种特殊类型的债券，其资金专门用于资助环境友好的项目，如可再生能源、节能建筑和清洁运输等。它们的工作原理与传统债券相似，即发行者（可能是政府、企业或金融机构）向投资者借款，并承诺在未来的某个时间点偿还本金加上一定的利息。然而，绿色债券的不同之处在于，其所筹集的资金必须被用于具有明确环保目的的项目，并且发行者通常需要向投资者提供关于项目的定期更新和环境效益的报告。

对于企业而言，发行绿色债券是筹集绿色项目资金的有效方式。企业首先需要确定可资助的绿色项目，并明确其环保目标和预期效益。然后，企业可以通过市场研究确定债券的条款，包括利率、期限和规模等，并在适当的监管机构注册。发行绿色债券不仅可以为特定项目提供资金，还能吸引那些对环境和社会责任投资感兴趣的投资者。此外，由于绿色债券市场的快速增长和各方对可持续发展的重视，这种债券通常能够以较低的成本吸引资金。

除了直接的财务益处外，发行绿色债券还能显著提升企业的品牌形象和市场认可。通过公开承诺资金用于环保项目，企业展示了其对环境保护和可持续发展的承诺，这有助于建立其作为社会责任企业的形象。这种积极的公众形象可以吸引更多的顾客、投资者和合作伙伴，提高企业的市场竞争力。此外，参与绿色债券市场还使企业更加关注其自身的环境影响，促进其在运营和供应链管理中实施更加可持续的实践。最终，这不仅有助于减少企业的环境足迹，还能提高其整体效率和盈利能力。

绿色债券为企业提供了一个筹集绿色项目资金的有效工具，同时也为其品牌和市场地位带来积极影响。通过发行绿色债券，企业不仅能够支持环保项目的发展，还能展示其对可持续发展的承诺，提升其在投资者和消费者心中的形象。

利用绿色基金和可持续投资加强企业财务表现

绿色基金是指专门投资于环保项目或可持续发展领域的基金，包括但不限于可再生能源、节能技术、清洁水源和绿色交通等。这些基金根据其投资重点和策略的不同，可以分为多种类型，如绿色股票基金、绿色债券基金、混合绿色基金等。绿色股票基金主要投资于表现出卓越环保行为的公司股票；绿色债券基金投资于绿色债券；而混合绿色基金则在股票和债券之间分配资产。绿色基金的优势在于它们提供了一种将资本直接投向支持可持续和环保项目的途径，同时还能为投资者带来潜在的经济回报。

企业通过投资于绿色基金或可持续投资项目，可以有效地优化其资产组合，同时支持其可持续发展目标。通过将资产分配到这些基金，企业不仅可以通过多样化投资减少整体风险，还能投资于那些与其自身可持续发展战略相符的项目或公司。这样的投资有助于企业建立绿色和负责任的公众形象，这对于增强消费者和投资者信心、提升品牌价值都至关重要。此外，随着全球越来越重视环境保护和社会责任，这些绿色基金和项目有可能带来较高的收益，为企业带来经济上的利益。

投资于绿色基金和可持续投资项目还能帮助企业减轻环境风险并实现长期增长。随着环境法规的日益严格和公众对环境问题的关注不断提高，企业面临的环境风险日益增大，包括潜在的法律诉讼、清理成本以及因环境问题导致的声誉损失。通过投资于绿色基金和项目，企业可以参与到环保和可持续发展的行动中，从而减少这些风险并提升自身的可持续性。长期来看，这不仅有助于保护企业免受环境变化的负面影响，还能确保企业在未来的绿色经济中保持竞争力和增长潜力。

总之，绿色基金和可持续投资项目提供了一种使企业资产组合更加多元化和环保的方式。通过这些投资，企业不仅可以支持环保项目和可持续发展，还能减轻环境风险并寻求长期的经济增长。随着全球对可持续发展的关注不断提高，这些投资将变得越来越重要，对企业的长期成功和稳定增长具有至关重要的影响。

利用碳信用和交易市场实现成本效益的减排

碳信用（Carbon Credits）和**碳交易市场**（Carbon Trading Market）是现代环境政策中用于减少温室气体排放的重要工具。碳信用是一种许可证，代表了持有者有权排放一定量的二氧化碳或其他温室气体。通常情况下，1个碳信用相当于1吨二氧化碳的排放量。碳交易市场则是一个平台，允许那些排放量低于特定配额的公司出售额外的碳信用给那些排放量超标的公司，从而整体上达到减排的目标。

企业可以通过购买或出售碳信用来满足其减排目标并降低成本。对于排放量超过配额的企业，购买碳信用可以避免因超标排放而面临的高额罚款，这是一种成本效益较高的即时解决方案。对于排放量低于配额的企业，出售未使用的碳信用则成为一种额外收入来源，这激励它们继续或加大减排努力。通过这种方式，碳交易市场提供了灵活性，使企业可以根据自身情况和市场条件选择最经济的减排途径。

碳市场还能激励企业寻找更高效的减排技术和方法。由于购买碳信用是有成本的，长期来看，投资于减排技术和改进生产工艺可能是更经济的选择。随着碳价格的上升和环保法规的加强，这种经济激励将变得更加明显。此外，投资于绿色技术不仅能减少对碳信用的依赖，还能提升企业的市场竞争力，吸引投资者和环保意识较强的消费者。

碳市场还促进了技术创新和知识共享。企业为了减少对碳信用的依赖和成本，会寻求更有效的减排技术。这些技术的开发和应用不仅有助于企业减少排放，还可能产生可供其他企业使用的新技术和知识。此外，随着碳市场的国际化和规模扩大，碳信用的交易和技术的转移将越来越跨国界，促进全球范围内的减排努力和环境合作。

总之，碳信用和碳交易市场为企业提供了实现减排目标的灵活途径。通过参与碳市场，企业不仅可以满足减排目标并降低成本，还能激励它们投资于更高效的减排技术和方法。随着全球对减排的关注不断增加，碳市场的作用和影响力将进一步增强，成为推动企业和社会可持续发展的重要力量。

通过政府激励和补贴促进绿色转型

政府通过提供各种绿色激励措施，如税收优惠、补贴等，发挥着推动企业绿色转型和可持续发展的关键作用。这些激励措施旨在降低企业实施绿色项目和技术的经济成本，提高其吸引力，从而加速环保创新和可持续实践的采纳。

税收优惠是政府常用的一种激励措施，包括减免所得税、增值税、关税等。例如，政府可能会对购买节能设备的企业提供税收减免，或者对绿色能源生产给予税收优惠，以鼓励企业投资于清洁能源和节能技术。此外，政府也可能为研发新环保技术的企业提供税收抵免，以激励创新。

补贴是另一种直接的经济激励，可以以现金补助、低息贷款或价格补贴的形式出现。政府可能会提供资金支持帮助企业建设绿色基础设施，或者对采用可再生能源和节能技术的企业给予资金补助。这些补贴降低了企业实施绿色项目的初期成本，加快了其绿色转型的步伐。

企业可以通过了解和评估这些政府提供的激励措施，制定相应的战略来加速其绿色项目和技术的实施。通过利用税收优惠，企业可以减少绿色投资的财务负担；通过申请补贴，企业可以获取必要的资金支持来推进环保项目。同时，企业还可以利用政府提供的技术支持和咨询服务，提高绿色转型的效率和效果。

金融工具在帮助企业实现绿色战略中扮演着关键角色。通过提供必要的资金和激励措施，这些工具能够促进企业采取更环保的运营方式和投资于可持续技术。绿色债券、绿色基金和可持续投资等金融产品使企业能够筹集到专门用于绿色项目的资金，同时为投资者提供了支持环保项目的途径。碳信用和碳交易市场提供了经济激励，鼓励企业减少温室气体排放。这些金融工具不仅有助于企业降低环境风险，提高能效和资源利用效率，还能提升企业的市场竞争力和品牌形象。

然而，实现绿色转型并非企业单方面的努力，它需要企业、政府和金融机构之间的紧密合作。政府通过制定支持性的政策和法规，提供税收优惠和补贴等激励措施，为企业的绿色项目创造有利的外部环境。同时，政府还能通过提高环保标准和加强监管来引导企业走向可持续发展。金融机构则通过开发和提供各种绿色金融产品和服务，使企业能够获得实施绿色战略所需的资金。此外，金融机构还可以通过研究和评估来帮助企业识别和管理与绿色项目相关的风险。

鉴于此，鼓励企业积极探索和利用各种金融工具以实现其可持续发展目标至关重要。企业应积极了解和评估各种绿色金融产品，找到最适合自身需求和条件的工具，并制定相应的战略来充分利用这些工具。同时，企业还应积极参与到政府和金融机构的对话和合作中，共同推动绿色金融市场的发展和完善。

成功的绿色金融案例

绿色金融作为一种旨在支持环境友好项目的金融活动，近年来已在全球范围内取得显著进展。通过分析成功的绿色金融案例，我们可以提炼出宝贵的经验和教训，为未来的可持续发展提供指导。

以**欧洲投资银行（EIB）发行的绿色债券**为例。自2007年以来，EIB通过其**气候感知债券**（Climate Awareness Bonds）融资了多个气候保护项目，包括可再生能源和能效项目。这些债券的成功在于其透明度高和项目选择的严格性。投资者能清晰地看到他们的资金如何被用于具体的绿色项目，这增加了信任和吸引力。此外，EIB还确保所资助的项目有明确的环境效益评估，确保资金的有效使用。这一案例表明，透明度和项目的严格筛选是绿色金融成功的关键因素。

在非洲，**肯尼亚的绿色债券市场**是蓬勃发展的例子。肯尼亚的首个绿色债券在2019年发行，用于资助学生宿舍的建设，这些宿舍设计上具有节能高效的特点。该债券的成功得益于政府的积极推动和市场对绿色投资的高需求。然而，这也凸显出在发展中国家推动绿色金融需要克服的挑战，如缺乏足够的绿色投资项目和市场深度。因此，政府的支持和国际合作在这些地区推动绿色金融至关重要。

在中国，截至2023年6月底，中国的绿色货款余额已达27万元，同比增长38.4%，高于各项货款增速27.8个百分点，绿色货款占全部货款的比重由2021年3月的7.2%上升至2023年6月的11.7%。现在，中国的金融机构几乎都将双碳目标融入了各自的发展战略之中。从银行、证券、保险到中小型投融资机构，都在完成自己的绿色转型。

中国的碳中和是真正脚踏实地在做升级与发展。在2023年10月的中央金融会议上，就一再强调了未来发展方向之一就是绿色发展。近期，随着美西方重返碳中和市场，新一轮竞争将会更加激烈。我们已经认识到，金融工具是推动企业绿色转型的重要力量，而企业、政府和金融机构之间的合作是实现可持续发展目标的关键。通过共同努力，我们可以构建一个更加绿色、高效和可持续的未来，并以此更有力地迎接国际上的各种挑战。

第8章 零碳制造的人才战略与生态

在全球范围内，净零制造已经成为了工业发展和环境保护的重要议题。对于任何志在领导未来制造业的国家而言，制定一项旨在培养和吸引净零制造领域顶尖人才的计划是至关重要的。这样的计划不仅有助于推动技术创新和经济增长，而且对于实现更广泛的社会和环境目标也至关重要。

第1节 零碳制造业人才战略的构建与实施

净零制造的人才分析与需求

在全球范围内推进净零制造，既是对工业发展的革命性挑战，也是对人才培养和吸引的重大考验。理解行业现状、人才缺口，以及未来的人才需求和技能要求，对于制定有效的人才战略至关重要。

《"十四五"规划纲要》指出，我国将实施多项新能源产业建设工程。国家能源局提出的四项重点措施包括建设大型清洁能源基地、沿海核电站、电力外送通道和电力系统调节能力。在具体实施上，中国计划建设九大清洁能源基地，分布在金沙江、雅砻江流域等多个关键地区。据猎聘大数据显示，新能源行业近一年的职位需求增长显著，尤其是华东地区占据近一半的比重，新发职位和人才聚集均呈现向华东、华南和西南地区聚集的趋势。

在城市分布上，新能源行业的职位需求在苏州、合肥等城市有所上升，而人才主要集中在北京、上海等一线城市。此外，非一线城市如宁德和镇江也因企业和项目布局吸引了跨行业人才。薪资水平上，华北地区新能源人才平均薪资最高，华南和华东紧随其后。从职能分布看，新能源行业需求集中在工艺、质量、电气和机械工程师等领域，而最紧缺的是"互联网+技术类"人才。

随着新能源行业的快速发展，企业对于管理效能和人才结构提出了新要求。从猎聘大数据来看，流入新能源行业的人才主要来自汽车机械制造行业，且平均薪资显著增长。企业更偏好高学历人才，而对经验的包容度更高。从地区分布来看，新发职位不再仅集中在北上广深，一线城市之外的西安、合肥等地也呈现出较多新发职位。新能源行业的快速发展为人才提供了广阔的发展空间和吸引力，但同时也对人才管理和职业发展提出了新的挑战。对于新能源企业来说，了解并适应这些变化，有效地吸引和培养人才，将是未来成功的关键。

净零制造正迅速成为全球工业领域的一个重要议题，其核心目标是通过优化生产过程、使用可再生能源、提高能源效率等手段，最大限度地减少工业活动对环境的负面影响。技术创新，如自动化、智能制造、高效能源管理系统，以及循环经济的理念，都在塑造着这一领域的未来。市场趋势显示，随着消费者和政策对环境友好产品的需求增加，致力于净零制造的企业将获得竞争优势。

尽管净零制造的重要性日益凸显，但许多企业和国家在寻找合适人才方面面临挑战。当前的工程师、技术专家和管理人员大多未受过与净零制造相关的专业培训。他们可能缺乏理解复杂环境系统、进行高效能源管理以及应用可持续材料技术的知识。此外，创新思维和跨学科协作能力也是当前人才库中常常缺失的要素。

预见未来，净零制造领域的人才需求将呈现多样化。技术技能，如数据分析、系统工程、可持续材料科学等，将变得更加重要。同时，对于能够理解和整合环境、社会和治理（ESG）原则的人才的需求也在增加。除此之外，创新能力、项目管理、政策制定和国际合作等软技能也将成为人才培养的重点。

对于在校学生，特别是理工科、管理科学与环境工程等相关专业的学生，提供与净零制造相关的课程和实践机会至关重要。这不仅能为他们的未来职业生涯奠定坚实的基础，还能在长远中为行业输送新鲜血液。在职工程师和环境管理专家则需要通过继续教育和在职培训来更新他们的知识和技能。此外，吸引全球范围内的净零制造与环境保护领军人物对于推动国际合作、分享最佳实践和加速技术创新都至关重要。

为了实现净零制造的目标，需要一个多元化、技术娴熟、不断学习和适应的人才队伍。这需要教育机构、企业、政府和国际组织之间的紧密合作，共同制定和实施有效的人才发展策略。通过这样的共同努力，我们才能确保净零制造的愿景成为现实。

零碳制造业的教育与培训体系

在推动零碳制造业的发展过程中，构建一个全面的教育与培训体系是至关重要的。这个体系要确保从业人员的技能与时俱进，能够满足行业不断发展的需求。

学术教育是培养未来零碳制造业专业人才的基础。通过与高等院校的合作，可以开发与零碳制造相关的课程和专业，这些课程和专业不仅要涵盖基础的工程和技术知识，还应该包括可持续发展、环境科学以及相关的政策和法规知识。此外，鼓励学生参与实际项目和研究，可以加深他们对零碳制造实际操作的理解，为他们未来进入这一行业打下坚实的基础。

除了学术教育之外，**职业培训**也是零碳制造教育体系中不可或缺的一部分。为了适应行业的快速变化，提供短期培训和证书课程至关重要。这些课程可以针对特定的技能或技术，如能源管理、废物减少策略或最新的可持续材料技术。通过这些课程，从业人员可以迅速掌握新技能或更新现有知识，保持其在行业中的竞争力。在职学习是确保零碳制造业从业人员能够持续进步和适应行业发展的关键。企业和组织应该鼓励员工参与持续学习，不断更新他们的技能和知识。这可以通过提供在线课程、工作坊、研讨会或者内部培训来实现。同时，建立一个支持性的学习环境，鼓励知识分享和团队学习，也非常重要。

一个全面的教育与培训体系是零碳制造业成功的关键。通过学术教育、职业培训和在职学习的相互配合，可以确保从业人员具备实现零碳目标所需的知识、技能和创新能力。只有不断投资于人才的培养和发展，零碳制造业才能实现其可持续发展的愿景，为建设一个更绿色的未来做出贡献。

零碳制造业的人才发展核心策略

在零碳制造业的迅猛发展中，构建一个全面的人才计划是推动长期成功的关键。首先，**教育与培训是构建零碳制造业人才的基石**。提供专业课程、研讨会和工作坊，专注于净零技术、可持续发展和环境管理等领域的知识传授至关重要。这些教育活动不仅应该针对新入行的人员，还应该包括为在职人员设计的持续教育项目，以确保他们的技能和知识能够跟上行业的快速发展。通过这样的教育与培训体系，可以确保人才库中的每个成员都具备实现零碳目标所需的核心能力。

其次，**实践与创新是推动零碳制造业发展的动力。**鼓励人才参与实际项目，让他们将所学知识应用于现实世界的问题，这不仅可以提升他们的技能，还可以激发他们的创新潜能。同时，企业和教育机构应该共同推动创新设计和技术解决方案的研发，为人才提供一个将想法变为现实的平台。通过实践与创新，零碳制造业的人才可以不断探索新的方法和技术，推动整个行业的进步。

第三，**国际交流与合作对于建立一个全球视野的人才队伍至关重要。**通过建立与全球顶尖机构的伙伴关系，可以促进知识和经验的交流，为人才提供学习和成长的机会。这不仅可以帮助他们了解全球最佳实践，还可以增强跨文化交流与合作的能力。在全球化的今天，具有国际视野和经验的人才对于企业和国家都是宝贵的资产。

最后，**职业规划与发展是确保人才能够长期贡献于零碳制造业的关键。**通过提供职业咨询、导师制度和职业发展路径规划，可以帮助个人明确他们的职业目标，制定实现这些目标的计划。这不仅有助于个人的成长和发展，还有助于企业和行业构建一支稳定且高效的人才队伍。

通过上述四个核心策略的实施，零碳制造业的人才计划可以培养出一支具备专业知识、实践经验、国际视野和明确职业规划的人才队伍，为实现零碳目标和可持续发展做出贡献。

第2节　零碳制造业的人才战略与资源配置

零碳制造业人才计划的实施步骤

为了确保人才计划能够满足行业的实际需求并产生长期的影响，

必须经过一系列精心设计和执行的实施步骤。

需求调研。识别行业需求和人才缺口实施步骤的起点是对行业需求和人才缺口进行深入的调研。这包括分析当前市场趋势、技术发展以及未来行业的预测。同时，还需要评估现有人才库的技能和知识，识别与行业需求之间的差距。这一步是整个计划的基础，确保后续策略和行动能够针对性地解决实际问题。

课程与培训设计。结合最新研究和行业需求设计课程基于需求调研的结果，下一步是设计满足行业需求的课程和培训项目。这需要教育专家、行业专家和技术领导者的共同努力，确保课程内容既有理论深度，又有实践意义。课程设计应该灵活多样，能够适应不同背景和水平的学习者，同时保持与行业发展的同步。

伙伴关系建立。与教育机构、企业和政府机构建立合作为了提高人才计划的效果和影响力，建立强有力的伙伴关系至关重要。这包括与高等教育机构、行业协会、企业以及政府部门的合作。这些伙伴关系可以提供必要的资源支持，如教育设施、实习机会和研究资金，同时也为人才计划的执行提供更广阔的平台。

人才吸引与选拔。通过奖学金、竞赛和实习机会吸引顶尖人才。一个成功的人才计划不仅需要良好的设计，还需要能够吸引并选拔顶尖人才。通过提供奖学金、组织技术竞赛、提供实习和就业机会等方式，可以激发潜在人才的兴趣和热情，吸引他们加入零碳制造业。同时，这样的活动也有助于提升行业的知名度和吸引力。

持续评估与优化。定期评估计划成效，根据反馈进行优化，并对人才计划进行持续的评估和优化。这包括定期收集反馈、评估培训效果、跟踪毕业生的职业发展情况等。通过持续监测和评估，可以及时发现问题并进行调整，确保人才计划始终与行业需求保持一致，有效地促进零碳制造业的发展。

通过以上步骤，零碳制造业的人才计划可以更加系统地实施，不仅能够满足当前的人才需求，还能够为未来的行业发展打下坚实的人才基础，为实现更绿色、更可持续的制造业贡献力量。

零碳制造业的资源配置策略

随着数字化在各行业的深入渗透，数字化人才成为了各领域的宝贵财富。这些人才在不同行业间的流动不仅受到行业发展潜力的吸引，薪资也是一个关键的影响因素。猎聘大数据平台的分析显示，跨行业流向新能源领域的数字人才中，测试工程师和网络技术人员占有一席之地。在薪资方面，技术紧缺领域如算法工程师、嵌入式软件/硬件开发和数据分析师等非管理类技术岗位的年薪较高，而IT支持和测试人员由于技术专业性较低，平均薪资相对较低。

新能源领域的数字人才通常更年轻、拥有更高学历，并享有更优的薪资水平。这与新能源行业人才的整体分布相比，数字人才的特征更为突出。在氢能和燃料电池领域，人才分布与重点布局氢产业的城市分布呈现一致性。随着国家对新能源汽车推广应用的持续支持，北上广等大城市群成为燃料电池汽车示范的核心。同时，武汉、广东云浮等地区也在积极打造氢能产业集群。猎聘大数据显示，燃料电池人才和新发职位的城市聚集度与动力电池人才分布有所差异，武汉、保定、天津等城市成为人才聚集的热点。特别是在无锡，燃料电池人才的平均薪资显著高于其他城市，成为人才流动的一个重要吸引点。

随着数字化程度加深和新能源政策的引导，新能源企业对复合型人才的需求持续增加。跨领域、跨行业的招聘成为企业人力资源工作者面临的常态。从猎聘大数据中可见，流向能源化工环保行业的人才主要来自于汽车机械制造行业，且这种跨领域流动带来的薪资涨幅显著。这为新能源企业的人才管理，特别是对于工龄较长、稳定性好的员工的薪资结构和未来发展方向的规划提供了宝贵的信息和洞察。

在零碳制造业的快速发展中，资源配置是确保行业持续进步和创新的重要因素。这不仅包括资金的投入，还涉及到人力资源的组织和技术设施的建设。有效的资源配置可以加速行业的技术突破，培养更多的专业人才，并推动零碳目标的实现。

资金是推动零碳制造业发展的重要驱动力。政府资助通常是基础资金来源之一，通过提供研究经费、税收优惠和补贴等方式支持行业发展。此外，企业赞助也是重要的资金来源，许多企业愿意投资于研发新技术和培训人才，以提升自身的市场竞争力和品牌形象。国际合作基金则提供了一个跨国界合作的平台，通过共享资源和知识，可以加速技术创新和知识传播，促进全球范围内的零碳发展。

人力资源是零碳制造业的核心资产。专家教师在人才培养和知识传播中发挥着关键作用，他们不仅需要有深厚的专业知识，还要有教育和引导学生的能力。行业顾问则提供了宝贵的实践经验和行业洞察，帮助企业和机构更好地理解市场需求和技术趋势。此外，一个高效的项目管理团队对于确保各项项目能够按时按预算完成也至关重要，他们负责协调资源、监控进度和处理可能出现的问题。

先进的设施和技术是推动零碳制造业发展的另一个关键因素。实验室和研究设施提供了进行科学研究和技术开发的物理空间和设备，是创新的摇篮。在线学习平台则打破了地域和时间的限制，使更多的人能够接受专业培训和继续教育，这对于培养和更新人才的技能至关重要。

总之，通过有效的资源配置，零碳制造业可以更好地抓住技术创新的机遇，培养和吸引更多的专业人才，并推动行业的持续发展。资金的投入、人才的培养和技术设施的建设是相辅相成的，只有三者协同工作，才能确保零碳制造业的繁荣和长远发展。

构建零碳制造业的创新生态系统

在零碳制造业中，构建一个**创新生态系统**是推动行业发展和技术革新的关键。这样的生态系统需要企业、学术界和政府之间的紧密合作，以及有效的平台和机制来激发创新。

零碳制造业的复杂性要求来自不同领域的知识和技能的汇集。企业提供实际的问题和市场导向，学术界贡献最新的研究和理论，而政府则可以通过政策支持和资金注入来促进这一合作。通过建立企业—学术—政府三方协同创新体系，可以确保各方资源和优势得到充分利用，共同推动零碳技术的研发和应用。

为了支持和加速创新，建立专门的平台是非常必要的。孵化器和加速器为初创企业和团队提供必要的资源和指导，帮助他们快速成长和商业化他们的想法。而研发中心则聚焦于更长期和深入的技术研究，为行业提供持续的技术创新动力。这些平台不仅能够促进技术创新，还能培养和吸引人才，形成创新的氛围和文化。

竞赛和挑战是激发创新思维和促进技术发展的有效方式。通过组织和支持创新竞赛和技术挑战，可以鼓励来自不同背景的人才发挥他们的创意和技术能力，解决实际的问题。这些活动不仅能够促进新技术的产生，还能增强行业内外的交流和合作，提升整个行业的创新能力。

以新能源行业为例，随着数字化在各行业的深入渗透，数字化人才成为了各领域的宝贵财富。这些人才在不同行业间的流动不仅受到行业发展潜力的吸引，薪资也是一个关键的影响因素。猎聘大数据平台的分析显示，跨行业流向新能源领域的数字人才中，测试工程师和网络技术人员占有一席之地。在薪资方面，技术紧缺领域如算法工程师、嵌入式软件/硬件开发和数据分析师等非管理类技术岗位的年薪较高，而IT支持和测试人员由于技术专业性较低，平均薪资相对较低。

新能源领域的数字人才通常更年轻、拥有更高学历，并享有更优的薪资水平。这与新能源行业人才的整体分布相比，数字人才的特征更为突出。在氢能和燃料电池领域，人才分布与重点布局氢产业的城市分布呈现一致性。随着国家对新能源汽车推广应用的持续支持，北上广等大城市群成为燃料电池汽车示范的核心。同时，武汉、广东云浮等地区也在积极打造氢能产业集群。猎聘大数据显示，燃料电池人才和新发职位的城市聚集度与动力电池人才分布有所差异，武汉、保定、天津等城市成为人才聚集的热点。特别是在无锡，燃料电池人才的平均薪资显著高于其他城市，成为人才流动的一个重要吸引点。

随着数字化程度加深和新能源政策的引导，新能源企业对复合型人才的需求持续增加。跨领域、跨行业的招聘成为企业人力资源工作者面临的常态。从猎聘大数据中可见，流向能源化工环保行业的人才主要来自于汽车机械制造行业，且这种跨领域流动带来的薪资涨幅显著。这为新能源企业的人才管理，特别是对于工龄较长、稳定性好的员工的薪资结构和未来发展方向的规划提供了宝贵的信息和洞察。通过企业—学术—政府的合作，建立专门的创新平台，并通过竞赛和挑战激发创意，零碳制造业的优才计划可以有效地构建一个创新生态系统。这个生态系统将为实现零碳目标和推动行业的可持续发展提供持续的动力和支持。

政策支持与环境构建在零碳制造业人才生态中的作用

在零碳制造业蓬勃发展的同时，构建一个健康的人才生态系统成为推动行业持续进步的关键。政策激励是激发企业和个人投入零碳制造业的重要方式。税收优惠可以减轻企业的财务负担，鼓励它们投资于绿色技术和人才培养。资金支持，如研究经费和创新补贴，可以直接推动技术创新和人才发展项目。此外，政策引导也极为重要，它通过明确的目标和规划，引导行业和市场朝着零碳方向发展，为企业和个人提供清晰的方向和稳定的预期。

行业标准是确保零碳制造质量和效率的重要保障。政府和行业组织应该推动和参与行业标准的制定，这不仅有助于提升产品和服务的质量，还能促进公平竞争和市场秩序。此外，标准制定还提供了一个平台，让各方可以共同讨论和解决行业中的共性问题，共同推动技术和方法的进步。

提高公共意识是构建零碳制造业人才生态的关键环节。通过教育、媒体和公共活动，可以增强社会对净零制造重要性的认识和理解。这不仅能够吸引更多的人才进入这一行业，还能提升消费者对绿色产品的认可和需求，从而推动市场的发展。

政策激励、标准制定和公共意识的提升是构建零碳制造业人才生态的重要支柱。只有在政策和环境的有力支持下，零碳制造业才能吸引和培养足够的人才，持续推动技术创新和行业发展，最终实现净零目标和可持续发展。

零碳制造业人才工作的监测与评估机制

在零碳制造业这一迅猛发展的领域中，对人才工作进行有效的监测与评估是确保人才策略适应性和效果性的关键。通过建立健全的评估体系和反馈机制，可以确保人才发展计划持续对接行业需求，并有效地促进零碳目标的实现。

一个全面的评估体系是监测人才工作效果的基础。这个体系应该能够评估人才计划的各个方面，包括教育培训的质量、人才吸引和保留的效果以及人才对技术创新和项目成功的贡献。评估指标应该是具体可量化的，既包括短期的成果，如课程完成率和员工满意度，也包括长期的影响，如技术创新数量和质量、企业效率的提升等。此外，评估体系还应该具有一定的灵活性，能够随着行业发展和政策变化进行调整。

有效的反馈机制能够为评估体系提供必要的信息和观点。这包括定期从业界、教育界以及人才本身收集反馈，了解他们对人才计划的满意度、意见和建议。这些反馈可以通过问卷调查、访谈、座谈会等方式进行收集。收集到的反馈应该被认真分析和考虑，作为优化人才计划的依据。例如，如果多数参与者反映某一培训课程与实际工作需求脱节，那么就应该调整课程内容或教学方法。

通过建立有效的评估体系和反馈机制，零碳制造业的人才工作可以更加精准地对接行业需求，更有效地支持技术创新和行业发展。这不仅有助于提升人才计划的质量和效果，也是实现可持续发展和零碳目标的重要保障。

塑造未来：培育净零制造领域的关键人才

未来的净零制造人才将是推动工业和环境可持续性的关键。他们不仅是技术的实践者，更是创新的先锋和可持续发展的倡导者。对这些人才的期望不仅体现在他们的技能和知识上，更体现在他们的责任感、创新精神和合作能力上。

期望未来的净零制造人才具备深厚的技术专业知识。他们应该熟练掌握相关的工程技术，包括但不限于能源效率、可再生能源技术、材料科学、环境管理等。这些知识将成为他们推动零碳制造、实现减排目标的基石。这些人才应该具有强烈的责任感和使命感。他们理解自己的工作不仅对企业，更对社会和环境有着深远的影响。因此，他们在决策和实践中，总是力求平衡经济效益和环境保护，努力实现真正的可持续发展。

创新精神也是未来净零制造人才不可或缺的品质。面对日益复杂的环境挑战和不断变化的技术环境，他们能够不断地探索新思路、新方法，不满足于现状，勇于突破技术和理念的边界，推动行业的持续革新和进步。合作能力对于净零制造人才同样重要。在全球化的今天，净零目标的实现需要跨学科、跨行业、跨国界的合作。这些人才应该能够有效地与不同背景的人士沟通和协作，共同寻找解决方案，共享成功经验，共同推动全球的净零进程。

期望未来的净零制造人才是终身学习者。随着技术的不断发展和市场的不断变化，他们应该保持好奇心和学习热情，不断更新自己的知识和技能，保持自己的竞争力和前瞻性。未来的净零制造人才不仅要具备扎实的技术基础和专业知识，还要有责任感、创新精神、合作能力和终身学习的意识。他们是实现净零目标、推动可持续发展的关键，对他们的期望也是对未来更美好世界的期望。

零碳制造业的未来不仅承载着工业的绿色转型，也象征着对可持续生活方式的深远追求。这一领域的长期愿景是成为全球技术创新的领导者，建立一个以高素质人才为基石的强大行业，并在全球范围内推动环境保护和社会责任的进步。为实现这一愿景，我们必须坚持不懈地投入到持续技术创新中，持续寻找改善和优化生产流程的方法，同时提高能源使用的效率和可持续性。为了满足行业发展的需求并吸引顶尖人才，我们需要持续地在教育和培训上投入，为人才提供成长和发展的平台。同时，通过构建强有力的合作关系和伙伴网络，我们能够与全球同行共享知识，共同面对挑战，并加速技术和方法的创新。此外，社会责任和公众参与也是不可或缺的一环，通过提高公众对零碳制造重要性的认识，我们可以构建更加坚实的社会支持基础，并鼓励更多人参与到这一伟大事业中来。随着时间的推移，我们必须不断地对我们的战略和计划进行评估和优化，确保它们能够适应不断变化的环境和需求。通过不懈的努力和不断的创新，我们将能够实现我们的长期愿景，为构建一个更加绿色、更加可持续的未来贡献我们的力量。让我们携手前行，在零碳制造业的征途上，创造更加光明的未来。

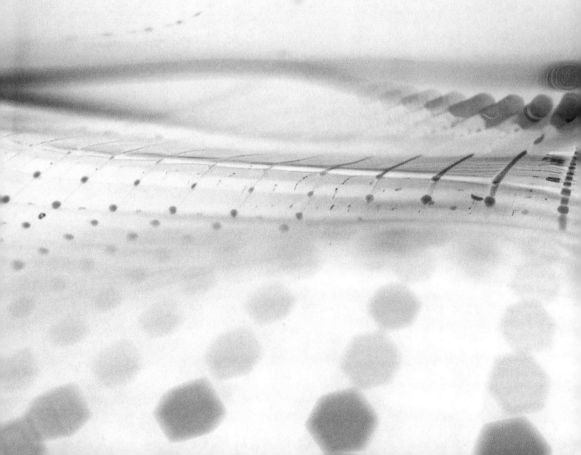

第四部分

构筑全球竞争新优势

第 9 章　国际价值链和供应链的重塑与中国制造

第1节　生态链中的行业净零

"净零排放"已经成为了一个流行且至关重要的术语，不仅成为全球对话的中心话题，也成为了气候行动的象征。对于世界各地的大企业，特别是那些行业领导者，实现净零排放已经被放在了企业战略规划的最前列，甚至成为了最优先的议题。但这个净零趋势究竟对企业和整个行业意味着什么？在迈向零碳转型的过程中，它们将遇到哪些挑战和机遇？

制造业和价值链当前净零的状态

历史数据令人震惊地揭示了全球二氧化碳排放量的剧烈增长：从1990年代的380亿吨急剧上升至2020年的近600亿吨。这一迅猛的增长趋势若持续下去，科学预测表明到2100年全球气温可能将上升4.1至4.8度。面对这一严峻挑战，实现近零排放已经成为全球气候控制努力的核心目标。《巴黎协定》的要求更是明确，即到2100年前将全球温升控制在1.5度以内，这意味着全球的碳排放量需要从500亿吨削减至几乎为零。对于工业和其他经济部门来说，这是一个前所未有的挑战，尤其是对于工业部门，其直接排放约占全球总排放的5%，而与建筑材料、水泥和化石石化产品相关的基本原材料排放则占约30%。

显然，各个行业面临的挑战各不相同。为了实现这一净零转型目标，所有行业都需要与供应商、制造商和消费者密切合作。企业应识别供应链中的主要排放源，评估供应商的可持续性，寻找提高能源效率和降低成本的机会，并与供应商和员工共同努力减排。此外，企业还可以通过与零售商和分销商合作的回收计划等方式，影响下游客户的减排工作。

然而，实现净零排放的道路是复杂而曲折的。企业需要全面理解并削减所有三个范围内的排放。这不仅仅是关注**直接排放（范围1）**和**间接排放（范围2）**，还包括**供应链中的排放（范围3）**，这是一个相对于碳中和目标更高的要求。在实现净零的道路上，每个行业都需要找到适合自己的解决方案，并通过跨行业、跨区域和跨产业的深度合作来解决挑战，共同迈向一个更清洁、更可持续的未来。这不仅是一个单一企业或行业的任务，而是全球社会共同努力的结果，每个人都有责任和角色在这场转型中发挥作用。

业务驱动力和机会实现净零

"净零排放目标"已经成为全球气候行动的核心要素。按照《巴黎协定》的指引，我们的长期目标是将全球平均气温的上升幅度相对于前工业化时期控制在2摄氏度以内，并争取进一步限制至1.5摄氏度。研究显示，为了避免气候变化的最严重影响，到2030年全球碳排放量需要减少至少50%，并在21世纪中期达到净零排放。这一宏伟目标的实现不仅需要创新思维和积极的商业探索，还需要组织内外共同推动深刻的变革。

气候变化是一个全球性的挑战，各国正在采取不同的策略来应对，例如中国的"双碳目标"和英国对金融公司气候相关财务信息的披露要求等。在这种情况下，许多工业制造企业发现净零转型为他们打开了新的重要机遇之门。通过净零转型，企业不仅能提升工艺效率、生产力和降低运营成本，还能减少碳排放。此外，净零转型还可以最大化地利用生态链技术、工具和方案，促进与供应商和团队的创新合作，开拓新市场，创造新的收益渠道。

对于与能源相关的企业而言，净零转型提供了在能源供应链中开辟新领域的机会，如生物精炼、碳捕获、利用和储存，氢气供应链和循环经济等。这不仅激励了年轻一代加入应对全球气候变暖的行动，也支持了企业、行业和整个产业的绿色转型。通过零碳转型，企业不仅能够获得投融资机会和金融政策支持，还能在绿色经济投资中产生更多的社会效益。因此，虽然实现净零排放的道路充满挑战，但它也蕴藏着无限的创新、合作和增长潜力。

在制造业和价值链中实现净零的挑战

实现制造业和价值链中的净零排放代表了一项全面而深刻的挑战，要求企业产业链中的每个活动都不产生温室气体的净排放对全球气候造成影响。这不仅需要设定并实施符合1.5℃温升控制要求的温室气体排放目标，而且要通过从大气中永久去除等量的温室气体，以抵消不可避免的碳排放。

在探索实现净零排放的新领域时，企业面临着众多挑战。企业并不是孤立存在的，它们是与周边环境紧密相连的部分，这个环境包括了社会监管、地方政策、内部创新系统、管理组织结构、人力资源配置以及与信息和数字化基础设施的联系。所有这些因素共同塑造着企业在转型过程中的发展轨迹。例如，尽管目前已有企业推出多种减排解决方案，但许多技术还处于初期阶段，认知度和接受度都有待提高。

对于那些追求净零排放目标的企业而言，采取多元化的减排策略至关重要。这包括降低运营过程中的碳排放，管理内部及外部供应链的排放，并在短期内通过其他手段抵消难以避免的碳排放。

在众多技术仍处于成长阶段的现实下，企业需要通过持续的展示和教育来提升公众和市场的认知度。通过逐步建立闭环系统，包括功能开发、集成以及商业可行性的评估，企业可以明确市场发展路径，并为现有解决方案提供创新的替代方案。净零排放不仅是一个全球性的目标，而且需要所有利益相关者的参与和协作，以及整个生态链上的持续合作，共同推动这一发展和成功转型的历程。

第2节　净零转型：协作行动的指导框架

全球许多企业正努力实现零碳未来，纷纷推出行动计划和解决方案，同时提供广泛的指导和技术路线图以支持行业逐步向净零目标迈进。每条走向净零的道路都具有独特性，而合作和创新则是实现这一目标的关键。

以汽车行业为例，原始设备制造商（OEM）可以通过供应链减排，在汽车价值链中实现高达60%的减排。一些当前可部署的措施能以低成本实现减排。如果终端消费者企业能与供应商合作，提高回收原料的使用率、资助流程效率的提升措施，并推动整个供应链使用可再生能源，那么供应商的脱碳道路将变得更加通畅。

对于下游的汽车制造商而言，虽然采用如绿色钢材等绿色原料会增加成本，但相对于汽车总成本而言，这部分增加的成本比例较小。如果汽车制造商和钢铁生产商能共同承担这部分额外成本，钢铁生产的脱碳转型所面临的资金障碍也将更易克服。总而言之，通过全行业的共同努力，降低碳排放、实现净零目标不仅是可能的，也为所有参与方带来了新的机遇和挑战。

随着供应链全球化的加速，供应链脱碳的重要性日益增加。推动供应商脱碳将为企业带来新机遇，其影响力将远超企业自身业务能力。然而，实现上游供应链减排并非易事。食品、建筑等重要供应链占全球二氧化碳排放量的50%，而农业和重工业排放占日常产品使用排放的绝大部分。面对高昂的脱碳成本，这些上游生产商难以独自承担净零转型所需的全部资金。与此相对，下游服务终端消费者的企业通常有更高的利润率和更积极的消费者群体。如果他们能与上游供应商共同努力，为其转型提供资金支持，那么气候行动和净零计划将更加可行。

建立一个零碳企业的战略

企业可以通过一系列基本步骤制定自己的净零排放战略，包括建立碳排放基线、设定减排目标，以及创建基于商业案例的减排路线图。市场上提供了众多公共工具、方法和资源，以协助企业评估现状并制定减排策略。

科学碳目标倡议（SBTi）等机构提供了设定短期和长期科学减排目标的明确指导。设立一个基于科学的目标涵盖几个关键步骤：首先是承诺设立目标，其次是依据SBTi标准制定减排目标，再将目标提交给SBTi进行验证。接下来是宣布目标并通知相关利益方，最后是定期发布公司的排放数据并跟踪目标的进展。

市面上已有多种工具和标准用于评估碳排放。主要的工具包括：温室气体协议的企业标准和范围3（供应链中的排放）评估者工具，法国生态过渡机构（ADEME）的碳足迹工具（Bilan Carbone），组织环境足迹（OEF）标准，碳信托公司的碳足迹计算器，中小企业气候中心的凉爽气候计算器，以及国际标准化组织（ISO）的净零指南等。企业可以通过运用这些工具和方法更有效地规划和执行其净零战略，助力实现更清洁、更可持续的未来。

创建以机遇和风险为中心的净零排放路线图是实现转型的关键。像所有转型计划一样，一个清晰的路线图对于确定实现净零排放的关键动力是至关重要的。这样的路线图有助于综合考虑、管理和传达特定的计划、投资、产品开发、商业目标和市场机遇之间的联系。一个有效的净零路线图应包括明确的治理和监督机制，推动愿景的实现，并确保能够清晰地跟踪进展和关键的碳减排里程碑。

资金是实现净零项目的关键，通常来源包括内部投资、政府激励措施以及基于增强消费者和客户利益的适当定价策略。行业内一些企业采用经典的商业案例方法，这不仅涉及计算能源成本的降低，也包括量化与脱碳相关的其他好处，如增加市场份额、留住人才和降低风险。国际政府间气候变化专门委员会（IPCC）指出，工业部门的几种减排选择既具成本效益又有盈利空间，特别是在能源和材料效率方面。

一些公司实施内部碳定价制度，按碳排放计算等同价格（按公司、国家或行业标准），这有助于确定内部项目的优先级，并应对一些国家现有或未来可能实施的碳税。将可持续发展视为利润中心，可以使节约下来的资金得到更好的利用，如通过效率提升方案节省的资金可用于资助更复杂的减排项目。

不同企业和供应链采取的行动各有侧重。对于快速消费品企业，可能优先考虑可循环包装或使用对环境影响较低的原料重新设计产品。建筑企业则可能促使供应商采用更环保的水泥生产流程，并投资于长期且成本更高的碳捕捉技术。专业服务行业则需采用可再生能源，加强办公室的热能利用，并与供应商合作扩大清洁航空燃料的使用。通过这些多元化策略，企业可以在各自的领域内为实现净零目标贡献力量。

设置可进行碳足迹监测的能力

对于商业和工业企业来说，测量和监控碳排放是一项复杂且具有挑战性的任务，尤其是跟踪来自外部的间接排放，比如范围2（直接排放）和范围3（供应链中的排放）排放。尽管存在挑战，但这一步骤在迈向净零目标的道路上极为关键。它不仅帮助确定需要优先考虑干预的领域，还有助于监测特定目标的完成情况。虽然建立内部监测碳足迹的能力至关重要，企业也需要与那些能证明其性能符合行业标准和法规的独立供应商合作。

在操作层面上，大多数情况下需要在内部建立新的能力以支持碳排放监测。这包括在企业内部及其供应链或采购层面组建专门团队，致力于建立数字化平台和数据标准，以便测量、追踪排放、识别排放热点、制定行动计划和监测结果。特别是，一些公司正在发展精确指导原则以应对排放数据完整性的挑战。

同时，企业需要遵守现有的或即将出台的碳报告要求。许多已承诺到2050年实现净零排放的国家已经开始要求参与政府采购合同的企业证明其碳减排承诺。碳减排计划需要根据业界最佳实践完成，例如遵守温室气体议定书的公司会计和报告标准，并应达到令人满意的保证水平。

主流标准如ISO 14064-3和国际保证合同标准（ISAE）3410可以用来验证温室气体排放报告，这些报告未来可能会在各国进行审计。例如，在英国，那些希望竞标中央政府合同的公司必须根据关键标准提交碳减排计划并进行公开，同时需要得到相应当局的批准。这些计划应包含供应商当前的碳足迹和实现净零排放的承诺，并且应每年记录和报告范围1（直接排放）和范围2（间接排放）的排放量，并对范围3（供应链中的排放）排放量的一部分进行额外报告。这一措施符合英国政府在《气候变化法案》下的承诺，并在英国的脱碳进程中将发挥重要作用。通过这些措施，企业不仅能提高自身的透明度和责任感，还能够积极参与全球减排努力，共同迈向一个更清洁、更可持续的未来。

加快能源运营效率，加快能源运输和脱碳速度

提升能源效率是制造业降低成本和减排的重要途径。对于制造企业，能源通常至少占平均成本的5%，对于能源密集型行业来说这一比例更高。通过实施能源效率措施，制造企业有望节约10%到30%的能源成本。在减少碳排放方面，政府间气候变化专门委员会建议，与现有水平相比，工业部门能实现15%—30%的排放减少。国际能源署进一步指出，到2050年，能源效率措施可能会贡献行业一半以上的碳减排，其中80%以上的节省将发生在中低收入国家。

研究发现，在三个行业中，使用类似技术生产类似产品的工厂间的环境性能差异可高达500%。对公用事业、建筑和物流的能源消耗进行分析和映射，可以使工厂的能源和废物可视化。通过比较不同工厂、时间框架、产品组合和地点的基准，并与外部供应商合作，可以有助于有效地改进。引入"增值能源"概念（通常指的是在能源使用过程中，通过技术创新或管理优化，使得能源的利用效率提高，或者在使用过程中能够产生额外的经济、环境或社会价值的能源。这种能源形式不仅关注能源本身的供应和消耗，还强调通过优化能源使用过程来提升整体效益）并结合精益管理实践，也有助于支持变革管理。

节约能源可以通过改进现有的通用碳密集型设备和工艺来实现，包括电机、驱动器、锅炉、熔炉、压缩机、通风和供暖系统等。同时，工厂中常见的能源密集型设备、能源管理系统（例如ISO 50001）、能源回收系统（例如工艺工业中的余热回收）以及基于物联网的智能计量系统都是实现节能的有效手段。此外，通过模拟或人工智能模型优化能源使用，以及更好地选择生产线上的设备（考虑寿命长、可修复性、绿色能源和材料效率等因素），也能进一步提高能源效率。通过这些手段，企业不仅能节约成本，还能在全球气候行动中发挥积极作用。

在运营中追求材料的效率

提高材料效率和循环利用，即促进消费和制造中的再利用、循环利用或可持续性做法，是减少工业排放的重要途径。尤其考虑到材料生产的高能源密集度，对于五种排放量最高的材料（钢铁、水泥、塑料、纸张和铝），减少每吨材料的碳排放量至关重要。技术创新有潜力进一步降低它们25%—50%的排放量，这取决于多种因素，包括未来的初级和二次生产及回收率。企业应认真考虑这些策略，尤其是它们之间可能的相互作用。例如，减少生产过程中的损失可能会减少可回收材料的可用性。

减少运营过程中的产量损失也是降低碳排放的关键。对金属供应链的研究显示，产量损失的累积赤字很高。例如，在钣金产品的制造过程中，近一半的液体金属在成为最终产品的过程中变成废料。在其他工业过程中也存在类似的损失，值得进一步探索。有研究发现，90%的加工生产商品的资源没有达到最终使用目的。制造商必须寻找机会减少操作过程中和沿生产链的产量损失。关键机会包括与供应商合作改进形状和几何形状，或促进减少浪费的新制造工艺的研发，以减少产量损失。例如，激光切割和纺丝技术可以取代造成钢和铝最大浪费的"消毛和深拉伸"过程。

在运营和整个供应链中实现材料的回收和再利用是另一个关键策略。采用回收和重用良好材料和部件的战略可以节省与生产新材料相比的能源，尽管技术挑战和可回收废品的材料数量仍然有限。因此，在工厂内发展废物分类和回收系统是关键。例如，系统地在设备层面分离金属废物可以支持供应商后续收集碎片并在处理过程中重复使用这些废物。由于过去和现在的设计不兼容，以及产品拆卸和组件管理的成本相对较高，组件重用目前还不常见。但如果这些组件可以容易且经济地更换，产品的使用寿命也可以延长。

重新考虑产品设计和商业模式

开发新的产品设计策略是帮助企业从线性经济模式向循环经济模式转变的关键。通过跨部门和职能的设计和业务方法，这些材料效率战略可以得到有效支持。在产品设计层面，生命周期评估是一个量化产品中嵌入碳排放的重要方法。该方法综合评估了一种产品、工艺或服务在其整个生命周期的环境影响，从原材料提取到产品最终处理（从摇篮到坟墓）。通过识别产品生命周期中的排放热点，企业能够制定更有效的碳减排设计决策。

同时，探索新的商业模式也成为许多制造企业近年来的趋势。越来越多的企业开始探索租赁而非销售商品的商业机会。这种模式在减少产品总量方面可能带来碳排放的减少，但也存在风险，特别是当消费者参与涉及多个所有权合同的活动时。例如，汽车共享服务和办公室用的文件管理系统就是采用此类新商业模式的典型例子。这种模式鼓励更高效的资源使用，并有可能减少因产品过剩而产生的碳排放。

总的来说，通过探索新的产品设计策略和商业模式，企业不仅能够促进环境可持续性，还能开辟新的市场机会，并推动长期的经济增长。这些战略的实施需要对现有流程和系统的深刻理解和全面评估，以确保它们能够为企业的净零目标做出有效贡献。

开发碳捕获解决方案和抵消机制

探索碳捕捉、利用和储存（CCUS）技术的潜力对于商业和工业企业而言是减少难以削减的碳排放的关键手段。对于排放密集型行业如水泥、化工、钢铁和铝等，CCUS技术提供了在其他低碳解决方案成熟之前减轻现有工艺影响的潜在途径。尽管这些技术依赖于常见的原材料，但它们需要持续的投资和支持，以建立必要的基础设施并扩大相关供应链。

国际组织如政府间气候变化专门委员会和国际能源署等在大多数脱碳路径中都包含了二氧化碳移除作为避免全球气温升高超过1.5℃的必要缓解措施。要进一步扩大全球的碳捕获能力，制造业将发挥关键作用。

除了碳捕获技术，世界各地也在采用抵消和交易机制来减少碳排放。这包括遵守欧盟排放交易系统（EU ETS）等计划或作为自愿的公司行动。例如，EU ETS对欧洲经济区内的排放密集型活动设定了排放限制，并允许公司在该地区交易排放权。尽管这类计划的成功存在争议，但欧洲环境署的年度简报预测未来几十年ETS的排放量将继续下降。

在自愿层面上，世界各地存在多种贸易机制。比如，联合国电子商务碳抵消平台允许个人、组织或企业购买碳信用来补偿温室气体排放或支持针对气候的行动。对制造业而言，企业可以购买碳抵消来资助其他实体购买和安装清洁能源设备或进行其他难以实现的工艺改变。

最后必须指出的是，这些机制对于全球南方的绝大多数发展中国家而言，是过于复杂和精致了，坦率地说，这些国家工业化的进程将因此变得更加困难而障碍重重。丁仲礼院士说得没错，排放权就是发展权。幸运的是，中国勇敢地经受了挑战，以绝对的、强有力的发展和超级的、十亿级以上人口的规模实质性碾压了这套由复杂的国际条款组成的桎梏，中国也必将引领世界真正落实碳减排的目标，真正造福于人民。

驱动供应链共同脱碳

支持供应商的脱碳之旅是企业达成净零排放目标的关键环节。根据碳披露项目（CDP）的2021年全球供应链报告，公司供应链中的碳排放量平均是其运营排放量的11倍。虽然75%的公司报告了范围1（直接排放）和范围2（间接排放）的排放并采取了减排措施，但仅有20%的公司报告了范围3（供应链中的排放）的数据，并且只有少数公司要求供应商报告数据、设定目标并采取行动。

推动供应链脱碳需要快速、大规模地改进采购流程和培训。由于供应链可能包括数百甚至数千家公司，这显然不是一项简单的任务。CDP建议的一些启动转变的步骤包括：利用购买力，要求供应商披露环境信息以推动透明度；为成熟供应商设定明确的期望，并通过要求供应商设定减排目标并将关键绩效指标纳入供应商管理流程来推动实际行动；或者通过网络研讨会和其他活动直接培训供应商。此外，与其他买家合作，共同推动供应商设定目标和加速行动，以及建立动力，并从行业领袖处获得最佳实践，如应用绿色评分，认证方案对供应商进行重要的脱碳努力，并在产品设计上广泛合作，以减少材料使用量、采用更多可持续材料、再利用和循环利用碳密集型材料或减少包装的使用。

第3节　中国制造业在全球价值链中的未来方向

试证全球价值链和供应链

全球价值链和**供应链**是现代经济体系中不可或缺的组成部分，它们在推动全球贸易、增加就业、促进技术创新和提高生产效率方面发挥着至关重要的作用。价值链是由迈克尔·波特提出的一个关键经济学概念，它详细描述了产品从原材料获取、设计、生产、营销直至最终交付给消费者的整个过程。在这个过程中，企业通过一系列活动创造价值。这些活动包括但不限于原材料采购、产品设计、生产过程、营销策略以及配送和售后服务等。价值链的核心特点在于它注重价值的增加和累积。每个环节都被视为为最终产品或服务增加额外价值的重要步骤。通过对价值链的深入分析，企业可以识别并专注于那些为客户创造最大价值的关键环节，同时发现并改进那些低效或成本过高的环节。这样的优化和改进不仅能够提升产品或服务的整体价值，还能增强企业的竞争力和市场地位。

全球价值链是指产品或服务从初始设计到最终消费的整个生产过程跨越不同国家的分工与合作。在这个过程中，每个国家或地区可以根据自身的比较优势参与到生产的某个或某几个环节，如设计、制造、组装或营销等。这种全球化的生产模式使得各国能够更有效地利用全球资源，提升生产效率，降低成本，最终使消费者能以更低的价格获得更多样化的产品和服务。

供应链则是指在生产过程中，原材料、零件和成品的流动路径，它涵盖了从供应商到制造商，再到分销商和最终消费者的所有环节。一个高效和可靠的供应链对于保障生产和分销的顺畅至关重要，可以减少库存成本，缩短交货时间，提高对市场变化的响应速度。供应链是现代企业管理中的一个核心概念，它定义了产品从原始供应商到最终消费者的全过程。这个过程不仅涉及直接参与生产的企业，还包括那些提供物流、信息处理、财务支持等服务的组织。供应链的存在确保了原材料可以被有效地转换为最终产品，并且这些产品能够通过各种渠道安全、及时地送达消费者手中。供应链的特点在于它强调产品流的管理和优化。在这一连续的流程中，多个参与者需要协同工作，包括供应商、制造商、分销商和零售商等。他们共同努力提高整个链条的效率，降低运营成本，同时还要保证产品质量和交付速度。有效的供应链管理能够使企业快速响应市场变化，减少库存积压，提高客户满意度，最终增强企业的市场竞争力。然而，这也要求企业必须在保持供应链的灵活性和响应性的同时，不断优化和调整其供应链策略，以适应不断变化的市场和技术环境。

价值链和供应链之间存在着密切的关联关系，它们相互包含、共享共同的目标，并且彼此之间存在着深刻的相互影响。供应链实际上是价值链的一个重要组成部分，它支持着价值链中的生产、营销等关键环节，确保物资、信息和资金能够有效流转。在这个过程中，供应链的每一个环节都有潜在的价值创造机会，如提高物流效率、优化库存管理等。因此，供应链不仅是价值链实现的必要条件，其自身的优化和管理也可以从价值链的角度进行分析和改进。价值链和供应链共享着提升企业竞争力的共同目标。通过对价值链的优化，企业可以提升其产品或服务的附加价值，增强顾客满意度和市场吸引力。同时，有效的供应链管理能够帮助企业降低运营成本，提高生产和配送效率，从而增强市场竞争力。这种双向的优化策略，使价值链和供应链成为提升企业综合实力的两大支柱。

价值链和供应链之间存在着相互影响的关系。价值链中的任何改进，如产品设计的创新或市场策略的调整，都可能对供应链的运作产生影响。这可能要求供应链在物料采购、生产计划或物流布局等方面做出相应的调整。反过来，供应链的变化，如供应商的更换或物流路径的优化，也会影响到价值链的效率和成本。因此，企业在优化价值链和供应链时需要考虑二者的相互作用，确保两者协同高效运作，共同支持企业的长期发展目标。

全球价值链和供应链的重要性在多个方面得到了体现，其对于国际贸易、经济增长、生产效率、创新能力、就业增长以及生活水平的提高都发挥着至关重要的作用。参与全球价值链能够显著促进国际贸易和经济增长。**理论上讲**，在这一体系中，各国是可以专注于其相对最具竞争力的生产环节的，比如某些国家擅长原材料生产，而另一些国家则擅长高端制造或服务。这种国际分工提高了资源的全球配置效率，使各国能够更有效地利用自身优势，从而推动了国际贸易的增长和世界经济的发展。

全球价值链对提高生产效率和创新能力起着至关重要的作用。企业在全球范围内寻找最有效的生产方式和技术，不断进行技术改进和创新以保持竞争力。这不仅提高了单个企业的生产效率，还推动了整个行业甚至国家的技术进步和创新能力的提升。此外，全球价值链对于增加就业和提高生活水平也有着显著影响。对于许多发展中国家而言，参与全球价值链为它们提供了进入国际市场和提升本国产业的宝贵机会。这不仅有助于创造新的就业机会，还能通过技术转移和产业升级，提高工人的技能和生产力，从而提高人民的收入和生活水平。全球价值链在促进知识和技术传播方面发挥着重要作用。随着不同国家和地区间的交流合作日益频繁，知识和技术得以跨国界传播。企业、研究机构和个人通过合作项目、技术交流和学术研讨等途径，共享创新成果，推动了全球创新和技术进步。

全球价值链和供应链在推动国际贸易、提高生产效率、增加就业、提高生活水平以及促进知识和技术传播方面发挥着不可替代的作用。然而，为了充分利用这些价值链和供应链带来的好处，各国需要共同努力，优化管理体制，解决存在的挑战，并确保全球化的红利能够更加公平和可持续地惠及所有人。全球价值链和供应链对于推动全球经济一体化、提高生产效率、促进技术创新和提高全球福祉具有重要意义。当然所有国家在全球价值链和供应链中"各安其位"只是一个理想的状态，上游的国家要保持现有的地位，下游的国家也希望得到更好收入，生产利润更高的产品。全球南方国家、新兴经济体已经兴起，每个民族和国家都有追求更美好的生活水平的权利。这需要全球各方的合作和智慧来共同应对，而不是以各种手段和壁垒来剥夺发展中国家的合理的发展权。比如刚果（金）的基桑富铜钴矿山和腾科丰谷鲁美矿，中非盆地两颗最璀璨的铜钴矿宝石，但从比利时人到美国自由港，无论主人是谁，周边的村子一样没有电，也没有路。可持续发展必须在每个环节上得到坚持，而不是像过去那样，西方发达国家运走的是资源，留下的是"资源诅咒"。

中国制造业在国际价值链中的地位与挑战

当今国际价值链和供应链现状

当前的全球价值链和供应链格局是复杂多变的，特征是高度全球化、深度相互依赖，并且不断地受到多方面因素的影响。全球价值链涉及从原材料提取、组件制造到最终产品的装配和销售的各个环节，这些环节往往分布在世界不同的国家和地区。主要参与者包括跨国公司、中小企业、供应商、分销商、零售商以及最终消费者。流动模式则更为灵活，原材料、半成品和成品在全球范围内流动，以响应成本、效率、市场需求等因素的变化。

近年来，全球经济中发生了一系列重大变化，对全球价值链和供应链产生了深远影响。特别是贸易政策的波动，包括保护主义的抬头、关税壁垒的增加以及贸易争端的发生，这些都增加了全球贸易的不确定性，迫使企业重新考虑和调整其供应链布局。例如，一些企业开始将生产基地从一个国家转移至另一个国家，以规避贸易壁垒或减少成本。

技术创新的加速也对全球价值链和供应链带来了重大影响。数字化和自动化技术的发展使得生产过程更加高效，同时也促进了新的业务模式和服务的出现。例如，物联网、人工智能、3D打印等技术的应用，正在改变产品设计、制造、物流和零售等环节的运作方式。此外，技术创新还加速了新兴市场的崛起，使它们能够更快地融入全球价值链，成为新的生产和消费中心。

这些变化给全球价值链和供应链带来了机遇和挑战。企业需要不断适应这些变化，灵活调整其战略和运营模式，以保持竞争力。同时，这也要求政策制定者、企业决策者和其他利益相关者加强合作，共同应对挑战，促进全球价值链的健康发展。

中国制造业的地位与挑战

中国制造业在全球价值链中占据了极其重要的地位，经过几十年的快速发展，已成为世界上最大的制造国之一。其在全球贸易中的份额持续增长，对全球供应链和价值链的影响深远。中国不仅是多种产品的主要生产国，还是许多国际公司的重要供应基地，对全球经济的稳定和发展起着至关重要的作用。

在全球贸易中，中国制造业的份额显著，尤其是在一些关键产品和领域。例如，中国是全球最大的电子产品、纺织品和服装生产和出口国。同时，它也是机械设备、汽车、家具等众多产品的重要生产基地。这些产品不仅满足国内市场的需求，更大量出口到世界各地，中国因此被誉为"世界工厂"。中国制造业的主要产品类别十分广泛，从传统的劳动密集型产品如服装、鞋类、玩具，到技术密集型产品如计算机、手机和其他电子设备。近年来，随着中国政府推动制造业向高技术和高附加值方向发展，新能源汽车、高速铁路设备、生物医药等高新技术产业迅速崛起，并开始在全球市场占据一席之地。

中国制造业的主要市场遍布全球，包括发达国家和发展中国家。美国、欧盟、日本等发达地区是中国制造产品的主要出口目的地，而东南亚、非洲、拉丁美洲等地区也是中国制造业不断拓展的重要市场。此外，随着"一带一路"倡议的推进，中国与更多国家和地区的贸易联系日益紧密，中国制造业在全球价值链中的影响力进一步扩大。

中国制造业在全球价值链中的地位非常重要，它不仅在全球贸易中占据了显著的份额，其产品类别和市场也极为广泛。随着技术进步和产业升级，中国制造业正逐步从低成本的生产基地转变为创新和高附加值的中心，这将进一步增强其在全球价值链中的地位和影响力。

国际贸易摩擦的增加近年来成为中国制造业面临的新挑战。随着全球贸易保护主义的抬头和一些国家对中国产品悍然实施高额关税，中国制造业的出口受到影响，企业需要寻找新的市场和适应新的贸易规则。这些挑战要求中国制造业不断调整和优化其战略，加快技术创新和产业升级，以适应国内外市场的变化和需求，实现可持续发展。

利用零碳红利提升中国在全球供应链中的影响力

零碳红利是指通过实现零碳排放或显著减少温室气体排放获得的经济和社会利益。这些利益可能包括降低能源成本、减少环境污染、改善公共健康、提高能源安全、创造新的就业机会以及增强企业的市场竞争力等。实现零碳排放通常需要采取一系列措施，如提高能效、投资清洁能源、采用碳捕捉和存储技术等。

零碳红利对全球竞争力的影响是深远的。首先，随着全球对气候变化的关注日益增加，消费者和投资者越来越倾向于支持那些环保和可持续的企业和产品。因此，那些能够实现零碳排放的企业可能会获得市场的青睐，增强其品牌形象和市场份额。其次，随着碳定价机制的实施和环境法规的加强，减少碳排放将有助于企业降低潜在的合规成本和风险。此外，通过提高能效和采用清洁能源，企业可以降低能源成本，提高生产效率，增强其成本竞争力。

零碳红利对于提升国家在全球供应链中的地位至关重要。首先，随着国际社会对减排的共识和要求不断增强，那些能够提供低碳或零碳产品和解决方案的国家将更容易获得国际市场的准入和优惠。其次，通过推动零碳转型，国家可以促进新兴产业的发展和传统产业的升级，提高整体的产业竞争力。此外，参与国际碳市场和清洁发展机制等，可以吸引外国投资和技术，加速国内的绿色发展。最后，实现零碳转型还有助于改善国家的环境质量和人民的生活质量，提高社会的可持续性和稳定性。

综上所述，零碳红利不仅能够为企业和国家带来经济和环境上的利益，还能够提升其在全球竞争中的地位和影响力。因此，实现零碳排放和获取零碳红利对于提升国家在全球供应链中的地位是至关重要的。

中国在全球供应链中提升影响力的路径

通过零碳红利提升中国制造业在全球价值链中地位

通过零碳红利提升中国制造业在全球价值链中的地位是一个复杂且系统的过程，涉及技术创新、政策制定、市场开拓和国际合作等多个方面。为了通过零碳红利提升中国制造业在全球价值链中的地位，综合的策略需要被实施。其中，加大技术创新和研发投入至关重要。中国制造业应加强对节能减排技术、清洁能源、碳捕捉和存储技术等领域的研发，同时鼓励企业采用数字化和智能化技术，提高生产效率和能源利用率。这不仅可以推动技术创新和突破，还能提升整个行业的竞争力。

优化政策环境和市场机制也非常关键。政府应制定和完善支持零碳转型的政策和法规，如提供税收优惠、财政补贴，建立绿色金融体系，同时通过碳交易市场等机制激励企业减少碳排放。这将为企业提供一个稳定而有利的政策环境和市场导向，促使企业更加积极地参与零碳转型。提升产品和服务的附加值对于提升中国制造业的全球地位至关重要。企业通过零碳转型，可以开发和生产更多高效能、低碳排放的产品和服务，不仅满足国际市场对绿色产品的需求，还能提升产品品质和技术含量，增强市场竞争力。

积极开拓新市场和建立绿色品牌也是提升中国制造业全球地位的关键策略。特别是在那些对环保和可持续性有更高要求的市场，通过提供高质量的绿色产品和服务，建立良好的绿色品牌形象，可以吸引更多的消费者和合作伙伴。

加强国际合作和交流也至关重要。中国制造业应积极参与国际气候合作，加强与其他国家和国际组织在技术、政策和市场等方面的交流和合作，通过共享资源和经验，共同推动全球的零碳转型。培养绿色人才和提高公众意识也是实现零碳转型的关键。加强绿色教育和培训，培养一批懂技术、会管理、有国际视野的绿色人才。同时，提高公众对气候变化和绿色生活的认识，鼓励消费者选择绿色产品和服务。

通过这些综合措施，中国制造业不仅能够实现零碳转型，还能通过零碳红利提升其在全球价值链中的地位和国际竞争力。

提升国际竞争力：中国制造业的质量、创新和供应链优化战略

中国作为全球制造业的重要力量，正面临着提升产品质量、增强创新能力以及优化供应链管理的挑战，以增强其在国际市场的竞争力。

提升产品质量。质量是提升产品竞争力的关键。中国制造业可以通过引入严格的质量控制标准和流程，投资于先进的生产技术和设备，以及加强员工培训来提高产品质量。此外，与国际认证机构合作，获得国际质量认证，可以帮助中国产品赢得国际市场的信任。

增强创新能力。持续的技术创新是企业保持竞争力的重要途径。中国制造业可以通过加大研发投入，吸引和培养高技能人才，以及与高校和研究机构建立密切合作关系来增强其创新能力。此外，鼓励企

业进行技术改造和升级，推动智能制造和数字化转型，也是提升创新能力的有效途径。

优化供应链管理。高效的供应链对于降低成本、提高效率和响应市场变化至关重要。中国制造业可以通过采用先进的供应链管理软件和技术，建立紧密的供应商合作关系，以及优化库存管理和物流流程来优化其供应链。此外，建立多元化的供应链和制造基地，可以减少对单一市场的依赖，降低潜在的风险。

通过上述措施，中国制造业不仅能够提升产品质量、增强创新能力、优化供应链管理，还能够更好地适应国际市场的需求和标准，增强其在全球市场中的竞争力。同时，随着中国制造业的持续升级和转型，其在国际分工中的地位和作用也将进一步提升，为全球经济的发展和繁荣做出更大贡献。

躬身入局：中国在国际规则制定和绿色合作中的战略行动

中国在全球价值链中的影响力已逐渐增强，而通过积极参与国际规则制定和建立绿色伙伴关系等手段，我们正进一步巩固和提升这一地位。

首先，参与国际规则制定对于中国在全球价值链中的影响力至关重要。随着中国经济的快速发展和国际地位的提升，积极参与到国际贸易、投资、环保等领域规则的制定中，可以确保中国的利益和视角被充分考虑和体现。躬身入局，深度参与，不仅有助于形成对中国有利的国际环境，也有助于中国企业更好地了解和适应国际规则，提升其在全球市场中的竞争力。此外，作为全球价值链的重要参与者，中国在规则制定中的积极作用还能够提升其在国际社会，特别是全球南方国家中的声誉和影响力。

其次，建立绿色伙伴关系是提升中国在全球价值链中影响力的另一个重要途径。随着全球对可持续发展和环境保护的关注日益增加，绿色经济成为全球发展的重要趋势。中国可以通过与国际组织、全球南北方国家以及跨国公司等建立绿色伙伴关系，共同推动绿色技术的研发和应用，参与绿色项目的合作，以及推动绿色贸易和投资等。通过这些合作，中国不仅能够分享和学习先进的绿色发展经验和技术，还能够打造绿色品牌，提升其产品和服务在国际市场中的吸引力和竞争力。同时，这也有助于中国在全球环保和气候变化等议题中发挥更大的作用，提升其在全球价值链中的影响力。

总之，通过积极和深度参与国际规则制定和建立绿色伙伴关系等手段，中国不仅能够更好地维护自身利益，促进国际交流和合作，还能够提升其在全球价值链中的地位和影响力，形成未来的引领力。这将有助于中国制造业的持续发展和升级，为全球经济的繁荣和可持续发展做出更大贡献。

制造业"净零供应链"展望

中国制造业在全球价值链中的未来方向将是一个多维度的演进过程，涉及深层次的结构调整、技术创新和国际合作。随着中国经济的持续发展和全球化程度的不断加深，中国制造业正站在新的历史起点上，面临着转型升级和高质量发展的双重任务。

转型升级将是中国制造业的重要发展方向。这意味着从劳动密集型和低附加值的生产向技术密集型和高附加值的生产转变，从简单的加工制造向整体设计和服务延伸，从量的扩张向质的提升转变。通过提升产品质量、增强创新能力、优化供应链管理等措施，中国制造业将更加注重产品和服务的附加值和市场竞争力，以满足国际市场日益多样化和个性化的需求。

为此，**技术创新**是推动中国制造业未来发展的关键动力。随着数字化、智能化和绿色化等技术的快速发展，中国制造业正加大技术创新和研发投入，积极引进和消化吸收国际先进技术，同时加强自主创新，提升核心竞争力。通过技术创新，中国制造业不仅可以提高生产效率和产品品质，还可以开发新的产品和服务，拓展新的市场和领域。

此外，**全面合作**也是中国制造业未来发展的重要方向。解决供应链排放问题是许多面向客户的公司影响排放量的重要途径，这些排放量往往远高于他们专注于自身直接运营和电力消耗脱碳所能达到的水平。通过多种方法实现净零供应链可能只需少量额外费用。对大多数面向客户的行业而言，整个供应链的端到端排放量远超过其直接运营中的排放。通过鼓励供应商参与建立净零供应链，大公司不仅能增强其对气候变化的影响力，还能在那些减排难度较大的行业实现排放减少，甚至在原本不会采取行动的国家加速气候行动。供应链脱碳是企业在气候行动中影响力的游戏规则改变者。处理范围3（供应链中的排放）排放是公司实现可靠气候变化承诺的基础。全球排放量超过一半来自八个主要供应链，包括食品、建筑、时尚、快速消费品、电子产品、汽车、专业服务和货运等行业。这意味着，只需要少数公司的行动就能间接控制一大部分的全球排放量。

实现供应链中的净零排放是企业运营中一个极为复杂的环节。一家企业在其供应链所产生的碳排放通常是其直接运营排放的五倍之多。因此，对供应链的上下游碳排放进行管理成为实现零碳制造的核心环节。与此同时，实现全生命周期净零排放需要上下游行业的共同努力。随着中国工业化、城镇化进入后期，钢铁、水泥等行业的需求将展现减量趋势。相比之下，化工行业的零碳转型则面临更大挑战，其产品需求有持续上升趋势。分析化工行业零碳转型的首要步骤是对行业内主要产品的供需进行展望，深入分析影响因素，及"碳中和"

约束对产品供求的影响。在实现净零排放的全球努力中，系统合作是加速变革的关键。目前没有任何一家企业能够单独实现零碳排放，最可行的做法是通过各种措施尽可能减少排放，并从大气中去除等量温室气体。许多公司已经开始实施这一策略，它要求全价值链的协同合作，持续的策略调整和升级，以及强有力的产业政策支持。所有利益相关者，包括生态伙伴甚至竞争对手，都应该纳入这一协同协调的系统中。

随着全球经济一体化的深入发展，中国制造业需要更加积极地参与全球价值链的重组和优化，躬身入局，通过深度参与国际规则制定、建立绿色伙伴关系、加强国际技术和产业合作等方式，提升我们在全球价值链中的地位和影响力。同时，中国制造业还需要积极应对国际贸易摩擦和保护主义的挑战，通过多边和双边渠道加强沟通和协调，推动构建开放型世界经济。坦率地说，与全球价值链深度绑定起来的这些国际规则，也可明确地视为某种意义上的壁垒，即西方发达国家的"碳壁垒"政策。目前，这些政策的制定议程已经明显加速，实际上是力图在绿色转型的新时代继续争夺全球应对气候变化的主导权及国际贸易规则的制定权，以此把持和影响全球产业格局及分工。之前提及的欧盟碳边境调节机制、循环经济行动计划、欧盟新电池法规、美国清洁竞争法案，实际上都是国际碳壁垒的主要法案。但是应对这些国际挑战绝非与之隔绝，自成体系，不但要如上面所说积极参与，躬身入局，更要使企业自身加强认识，提升技术，强化顶层设计，面向世界开放。

在全球范围内，制造业和价值链的净零转型不仅是国际挑战和环境责任，也是对未来商业模式的深刻理解。这需要企业在运营、产品设计和生态链管理中不断寻找创新战略，同时面对挑战和机遇，实施有效的变革。通过广泛深入的研究和多方合作，整个制造业产业链应清晰理解在净零过程中的角色，并积极转型以适应未来的低碳世界。

在当前的全球环境下，任何一家公司都不可能独立完成净零排放的转型或实现其宏伟目标。对于中国制造业而言，实现零碳转型不仅是应对国际挑战和环境保护的需要，更是提升其在全球供应链中影响力的战略机遇。这一转型任务既重要又紧迫，需要政府、企业和社会各界的共同努力，通过技术创新、政策支持和国际合作等多方面措施，加快推进，共同迈向零碳的未来。

中国制造业在全球价值链中的未来方向将是多方面的，涉及结构调整、技术创新、国际合作等多个层面。通过不断的努力和探索，中国制造业有望实现高质量的发展，有效应对复杂的国际挑战，打破各种壁垒和桎梏，各种"脱钩"和"小院高墙"，各种封锁和高额的关税，各种制裁以及由之而来的生产线的跨国转移等，为全球经济的持续繁荣、可持续发展和公正平等，为全球南方国家人民的真正的发展权，做出引领性的重大贡献。

第 10 章 绿色工业革命：塑造未来 20 年

第 1 节 全球绿色工业革命的大趋势

工业革命是从 18 世纪末到 19 世纪中期，首先在英国开始，随后向欧洲和美国扩散的一系列深刻的社会经济变革。这一时期，以机械化生产、蒸汽和水力发动机的广泛应用为标志，传统的手工业被大规模工业生产所取代。第一次工业革命带来了纺织工业的飞速发展，随后的第二次工业革命引入了电力和内燃机，进一步加速了生产力的提升和城市化进程。这些变革极大地提高了生产效率和人类生活水平，同时也导致了资源的大量消耗和环境的严重污染。直至 20 世纪上半叶，英国、德国和美国是世界上最大的碳排放国，英国占据了 19 世纪的大部分时间，1888 年，美国取代了英国名列榜首。

随着对可持续发展和环境保护意识的增强，绿色工业革命的概念应运而生。绿色工业革命是指在继续推动经济增长和提高生产效率的同时，采用环境友好的技术和方法，减少对自然资源的消耗和对环境的破坏。这一概念的核心是实现经济、社会和环境的可持续发展，推动向低碳、循环和绿色经济的转型。绿色工业革命不仅对减缓气候变化、保护生态环境具有重要意义，也为创新驱动、经济转型和提高国际竞争力提供了新的机遇。因此，绿色工业革命正成为全球发展的重要趋势和国际合作的热点话题。

绿色工业革命的核心特征

绿色工业革命是一场全球性的转型运动，其目的在于通过采用和推广**可持续性原则**、**低碳技术**、**循环经济模式**和**数字科技**四个核心要素，改造传统工业体系，实现经济增长的同时减少对环境的负担，并促进社会的全面发展。绿色工业革命作为当前和未来工业发展的重要导向，其核心要素对于塑造可持续、低碳、高效、智能的新型工业体系至关重要。

作为绿色工业革命的核心理念，可持续性强调在不损害未来代际满足自身需求的能力下满足当前需求。这不仅关乎环境保护，还涉及到经济和社会发展的全面可持续。在工业层面，这意味着对自然资源的合理利用，通过高效、环保的生产流程减少对生态环境的负担。实现可持续性需要长远的规划、创新的思维和全社会的共同努力。

随着全球对减少温室气体排放的共识不断增强，低碳技术在工业生产中的应用越来越重要。这些技术包括但不限于清洁能源技术（如风能、太阳能）、能效提升技术（如高效的照明和机械设备）、碳捕捉和存储技术等。通过采用这些技术，工业生产可以在减少碳排放的同时保持经济效益，助力全球应对气候变化的挑战。

循环经济是一种对传统"取—制—用—弃"模式的重大转变，它强调资源的高效利用和再循环。在循环经济模式下，废物和副产品不再被视为无用之物，而是作为新的资源被重新利用。这要求在产品设计、生产、消费及废物管理各环节实现闭环循环。循环经济的实现有助于减少资源消耗、减少污染、提高资源效率，是实现绿色工业革命的重要途径。

数字化技术在绿色工业革命中起到了催化剂的作用。大数据、人工智能、物联网等技术的应用可以大幅提升资源利用效率，优化生产流程，减少浪费。例如，通过智能传感器和数据分析，可以实时监测和优化能源消耗；人工智能和机器学习可以在复杂的生产过程中提高决策的准确性和效率。同时，数字技术还可以加强环境监测和保护，为可持续发展提供科学的决策支持。

综合这些要素，绿色工业革命旨在构建一个更加可持续、低碳、循环和智能的工业体系，以应对环境挑战，促进社会进步和经济繁荣。对于任何一个国家和地区而言，积极拥抱并推动这场革命不仅是全球责任的体现，更是实现长期发展的重要机遇。

绿色工业革命对环境保护、社会发展和经济增长具有深远的积极影响，这些影响不仅体现在当前，更会对未来的发展产生持续的正面作用。

在传统工业模式中，大规模的资源消耗和废物排放对环境造成了严重的破坏。绿色工业革命通过推动低碳技术、循环经济和可持续性原则的实施，显著降低了工业活动中的资源消耗和排放。这有助于减缓全球气候变化的速度，保护和恢复生物多样性，减少土地、水和空气的污染，维护自然生态系统的健康和平衡。实现这一转型意味着将为未来代际提供一个更加清洁、健康的居住环境，确保自然资源能够得到可持续的利用。

绿色工业革命对于促进社会的全面和公平发展同样具有重要意义。首先，转向绿色工业可以创造大量的绿色就业机会，这些工作往往需要新的技能和知识，有助于提高劳动力的技能水平和就业质量。其次，通过减少工业污染和提高资源利用效率，绿色工业革命能够创造更健康的生活环境，提高人民的生活质量，减少因环境问题导致的健康问题和医疗成本。此外，绿色工业革命通过提供更多的绿色产品和服务，促进社会意识的转变，鼓励公众采取更加环保和可持续的生活方式。

虽然实现绿色工业革命初期可能需要较大的投资和调整，但从长远来看，它为经济增长提供了新的动力和机遇。一方面，通过提高能效和资源效率，企业可以降低生产成本，提高竞争力。另一方面，绿色工业革命催生了新的绿色市场和行业，如可再生能源、绿色建筑、节能产品等，这些新兴领域有望成为未来经济增长的新引擎。同时，通过减少对外部环境和资源的依赖，绿色工业革命还有助于降低经济对环境变化和资源波动的脆弱性，实现更加稳定和可持续的增长。

绿色工业革命通过实现环境保护、社会发展和经济增长的协调统一，为建设一个更加绿色、公平和繁荣的未来提供了可行的路径。这不仅是应对当前全球环境挑战的必要选择，更是实现长期可持续发展的重要机遇。

全球绿色工业革命的趋势

当前全球范围内，绿色工业革命正展现出强劲的发展态势，成为推动经济转型和应对环境挑战的重要动力。这场以可持续性为核心的工业变革正逐步影响着全球的政策制定、企业战略以及公众意识。在政策层面，许多国家已经开始制定和实施一系列旨在推动绿色工业发展的策略和计划。这些政策包括提供绿色技术的研发和应用的财政支持，设置环境保护和能源效率的标准，以及实施碳税和排放交易制度等。例如，欧盟发布的"绿色协议"旨在通过一系列法规和投资计划，它们声称，这将使欧洲在2050年前实现"碳中和"。

在企业层面，越来越多的公司开始认识到绿色转型的重要性和紧迫性。企业不仅因应政策要求，更因市场和竞争压力开始采用节能减排的生产方式，研发和应用低碳技术，以及探索循环经济模式。这些企业发现，通过绿色创新不仅可以降低成本和风险，还可以开拓新市场，提升品牌形象和竞争力。例如，一些汽车制造商正在投资电动车和氢能技术，而一些能源公司则在转向风能和太阳能等可再生能源。在社会和文化层面，公众对于环境保护和可持续生活的意识不断提高，这推动了绿色消费的趋势，并对企业和政府采取绿色行动产生了压力。人们越来越倾向于选择那些环保、节能、可回收的产品和服务，这一变化正在推动市场向更加绿色和可持续的方向发展。

总的来说，全球范围内的绿色工业革命正以前所未有的速度和规模展开。尽管在不同国家和地区的发展速度和程度不同，但绿色转型已成为全球工业发展的重要趋势。随着技术的进步、政策的支持以及市场和社会的推动，绿色工业革命有望在未来进一步加速，为实现全球的可持续发展目标做出重要贡献。

推动全球范围内绿色工业革命的趋势有多个主要驱动力，包括技术进步、政策引导和市场需求变化等。这些因素相互作用，共同推动了工业领域向更加绿色和可持续的方向发展。技术是推动绿色工业革命的关键驱动力之一。近年来，在清洁能源、能效提升、碳捕捉和存储、循环经济等领域的技术创新和突破，极大地降低了绿色转型的成本和难度。例如，太阳能和风能技术的成本持续下降，使得可再生能源逐渐成为许多地区的经济选择。此外，数字科技如大数据、人工智能和物联网的应用，也在优化资源利用、提升生产效率和加强环境监测方面发挥着重要作用。技术进步不仅直接推动了绿色工业革命，也为企业提供了实现绿色转型的工具和手段。

政府的政策引导是推动绿色工业革命的另一个重要因素。许多国家和地区通过制定和实施一系列绿色发展政策和法规，如碳定价、能效标准、绿色补贴和税收优惠等，为绿色工业发展创造了有利的政策环境。这些政策不仅提高了污染和资源浪费的成本，也提供了绿色技术和产业发展的激励。通过政策引导，政府可以有效地引导资本和资源流向绿色和可持续领域，促进绿色技术的研发和应用，推动工业生产方式的根本转变。由此，发展中国家的工业化，也遇到了更大的挑战。

市场需求的变化也是推动绿色工业革命的关键驱动力之一。随着全球对气候变化、环境污染和资源枯竭等问题的认识日益加深，越来越多的消费者和企业开始寻求绿色、环保的产品和解决方案。这种需求的变化促使企业转向更加绿色和可持续的生产方式，以满足市场的需求并获取竞争优势。此外，绿色市场的扩大也吸引了更多的投资和创新，形成了推动绿色工业革命的正向循环。

技术进步、政策引导和市场需求变化等因素共同构成了推动全球绿色工业革命的主要驱动力。随着这些因素的持续发展和相互作用，绿色工业革命有望在未来得到更加广泛和深入的推广和实施，为实现全球可持续发展目标做出重要贡献。美西方国家也期待借此重新获得其先发的优势和对后发国家的有效压制。

未来20年的工业发展预测

在未来20年，全球工业发展预计将遵循几个明确的趋势，尤其是在绿色技术和可持续实践的应用方面。以下是几个预测的主要趋势。

加速向可再生能源转型。未来20年将见证全球能源结构的显著变革，尤其是可再生能源在全球能源供应中的份额将显著增长。太阳能、风能和生物能等清洁能源因其零碳排放和可持续性成为优选，不仅吸引政府和公共部门的投资，也逐渐成为工业企业的首选。随着技术的进步和规模化生产，这些可再生能源的成本正在迅速下降，使得它们在经济性上更具竞争力。工业企业将更多地采用这些清洁能源以减少碳排放和运营成本，同时也为企业的绿色形象和社会责任加分。

普及能效技术和节能措施。能效将成为提升工业竞争力的关键。随着国际社会对能效的重视和严格的能效标准的推行，工业企业将更多地采用高效的机械设备、智能控制系统和优化的生产流程。这些措施不仅能够显著降低能源消耗和减少排放，也能够帮助企业降低运营成本和提高生产效率。能效技术的普及和应用将成为企业保持竞争力的必然选择。

循环经济的兴起。循环经济作为一种新的经济模式，强调最大限度地循环使用资源并减少废物。这种模式将从理念转变为实际操作，越来越多的工业企业将采用闭环生产和废物回收技术。除了传统的回收和再利用，更复杂的生态设计和工业共生策略也将被广泛采用。这不仅能够减少资源消耗和环境污染，还能为企业带来经济效益和竞争优势。

集成数字技术。数字化技术的集成将彻底改变工业生产的方式。工业互联网、大数据、人工智能和物联网等技术将更深入地集成到工业生产中，实现资源和能源的优化利用，提高生产效率和灵活性，减少浪费。这些技术不仅能够帮助企业实现精准和高效的生产管理，还能够加强环境监测和保护。

绿色供应链管理。随着消费者和政策对可持续产品的要求增加，绿色供应链管理将成为企业不可或缺的一部分。企业将更加重视供应链的绿色管理，包括选择可持续的原材料、合作伙伴和物流方案，以及提高供应链的透明度和可追溯性。这不仅能够满足市场和政策的要求，也能够提升企业的品牌形象和市场竞争力。

生态系统服务和自然资本的整合。企业将开始认识到健康的生态系统和自然资本对其长期成功的重要性，并开始在决策中考虑这些因素。这可能包括投资于生态系统恢复和保护，以及开发新的业务模式，以促进和自然资本的可持续利用。通过整合生态系统服务和自然资本，企业不仅能够减少对环境的负担，还能够发现新的商机和竞争优势。

全球合作和标准化。随着全球对绿色工业和气候变化的关注增加，国际合作和标准化将加强。全球绿色标准和协议将更加统一和强制，企业将不得不适应这些标准以维持其在全球市场的竞争力。同时，国际合作，如技术交流、共同研发和市场开拓等，将成为推动绿色工业革命的重要途径。通过全球合作，企业不仅能够共享资源和经验，还能够共同应对挑战和把握机遇。

综上所述，未来20年全球工业的发展将被可持续性和技术创新所主导。企业和政府将需要紧密合作，采取前瞻性的策略和措施，以确保能在这个快速变化的环境中茁壮成长。

绿色工业革命的全球影响

绿色工业革命，作为一场全球性的经济和社会变革，其长远影响将是深远和广泛的，触及全球各个层面。从对环境的角度来看，有以下三个方面的影响。

减缓气候变化。绿色工业革命致力于通过一系列措施大幅减少温室气体排放，从而减缓全球气候变化的速度。采用清洁能源如风能、太阳能和水能等，可以在不产生碳排放的情况下满足工业生产的能源需求。此外，提高能效，如采用高效的机械设备和优化生产工艺，可以显著减少单位产出的能源消耗和碳足迹。而碳捕捉和封存技术的发展和应用，则可以直接从源头减少工业排放的碳含量，将其转化或存储，避免释放到大气中。这些努力共同作用，有望在全球范围内有效减缓气候变化的进程。

保护生态系统和生物多样性。工业活动是导致生态系统破坏和生物多样性丧失的主要原因之一。绿色工业革命通过减少污染和资源消耗，有助于保护和恢复自然生态系统和生物多样性。循环经济的理念，即将废物视为资源进行再利用和回收，可以减少对新资源的开采和对生态环境的干扰。生态设计的实践，如采用可降解材料和环保工艺，也可以减少工业生产对生态系统的负面影响。通过这些措施，绿色工业革命有助于维护生态平衡，保护自然环境和生物多样性，为所有生物提供一个健康和可持续的生存空间。

改善环境质量。传统工业模式下的污染和资源浪费已对环境质量造成了严重影响。绿色工业革命通过减少工业污染和提高资源利用率，有望显著改善环境质量。减少有害物质的排放和废物的产生可以改善空气和水质，减少土壤污染，保护人类健康和生态系统的健康。同时，通过高效利用资源和能源，可以减少对环境的压力，维持自然资源的可持续利用。清洁的空气、纯净的水和肥沃的土地是支撑生态系统和经济发展的基础，通过绿色工业革命改善这些环境要素，将为实现人类社会和自然环境的和谐共存提供坚实的基础。

如此也对全球经济产生了如下影响。

产业结构转型。绿色工业革命代表着一个全球性的经济转型，其中传统的高污染、高能耗产业将面临重大调整。随着环保法规的加强和公众环保意识的提高，那些依赖于化石燃料和不可持续资源的产业将逐渐缩小规模甚至被淘汰。与此同时，清洁能源（如风能和太阳能）、环保技术（如碳捕捉和封存技术）、绿色材料（如生物基和可回收材料）等新兴产业将快速发展。这些产业不仅对环境友好，也具有巨大的市场潜力和创新空间，能够为经济带来新的增长点和就业机会。此外，随着绿色消费的兴起，更多企业将投资于绿色产品和服务，推动整个经济结构向更加可持续和环保的方向转变。

提高资源效率。资源效率是衡量经济可持续发展的重要指标，绿色工业革命通过推广节能减排技术和循环经济模式，有助于显著提升资源的使用效率。节能技术可以帮助企业减少能源消耗，降低生产成本，同时减少温室气体排放。循环经济模式则鼓励企业最大限度地回收和再利用资源，将废物转化为新的输入，减少对原材料的需求和对环境的影响。通过这些措施，企业不仅能够降低对资源的依赖和生产成本，还能够减少环境破坏和资源枯竭的风险，为经济的长期稳定和可持续发展奠定坚实的基础。

促进全球经济合作。绿色工业革命是一项全球性的任务，需要国际社会的共同努力和合作。技术创新、资本流动和政策协调在这一进程中起着至关重要的作用。各国可以通过技术交流和合作，共享绿色技术和经验，加快绿色转型的进程。国际资本可以支持绿色项目和企业，推动绿色技术的研发和商业化。全球性的政策协调和标准制定可以为绿色工业革命提供统一的规则和市场，降低跨国企业的不确定性和风险。通过这些合作，不仅可以加强国际间的经济联系和互利共赢，还可以共同应对气候变化、环境污染和资源枯竭等全球性挑战，推动全球经济的平衡和健康发展。当然，我们必须指出的是，全球经济合作的希望在以中国为代表的全球南方国家。以美西方为代表的全球北方国家，从它们在对待应对全球气候变化的各类全球协定，到技术输出、资源共享、市场开放等实质性合作的实践行动上来看，除了道貌岸然的光鲜，是很难担得起"全球领导力量"这样的称号的。

党的二十大明确了以中国式现代化全面推进强国建设、民族复兴伟业的中心任务。中国式现代化要靠科技现代化作支撑，实现高质量发展要靠科技创新培育新功能。实现绿色工业革命是我们推进全面绿色转型、实现长期可持续性发展的紧迫任务，这也是党的二十大三中全会在社会经济全面绿色转型这一布局上的明确号召。2035年是我们建成科技强国战略目标的时间节点，实现绿色工业革命，必然是其重要的组成部分。时不我待，正如习近平总书记指出的："我们要以'十年磨一剑'的坚定决心和顽强意志，只争朝夕、埋头苦干，一步一个脚印把这一战略目标变为现实。"（《在全国科技大会、国家科学技术奖励大会、两院院士大会上的讲话》）

第2节　中国绿色工业发展战略

中国的绿色工业化：政府政策与企业实践的结合

中国政府高度重视绿色工业化，为了推动这一战略转型，实施了一系列政策和措施。这些努力旨在减少环境污染，提高资源效率，促进可持续发展，同时保持经济的快速增长。中国政府对绿色工业化的推进采取了一系列综合性政策和措施，涵盖了从规划目标到法规标准，再到经济激励和国际合作的各个方面。为了明确发展方向，政府在"十三五"规划及更长远规划中设定了明确的绿色发展目标，如"碳达峰"和"碳中和"，为实现绿色转型提供了清晰的路线图。同时，一系列环保法律、规定和标准被制定和实施，如《环境保护法》和《大气污染防治行动计划》，这些法规严格规定了污染排放和资源利用标准，促进了工业企业的生产方式向绿色转型。

为了激励企业采用绿色技术和实践，国家提供了一系列财政补贴和税收优惠，支持节能减排、清洁能源项目和绿色技术的研发。此外，绿色金融体系的建立，通过绿色信贷和绿色债券等金融工具，为绿色项目和技术的发展提供资金支持。国家还推动了绿色工业园区的建设和绿色工业示范项目的实施，这些园区和项目不仅配备了高效的能源供应系统，执行了严格的环保标准，还展示了新技术和管理模式。在推动技术创新和人才培养方面，政府鼓励绿色技术的研发和创新，支持相关的研究和应用，并培养绿色产业所需的专业人才。同时，中国积极参与国际环保合作和气候谈判，与其他国家共享经验，学习先进技术，并共同推动全球绿色工业化进程。这些措施共同构成了中国推动绿色工业化的全面策略，旨在实现经济、环境和社会的可持续发展。总的来说，中国通过一系列政策和措施，从规划目标设定、法规标准制定、经济激励、金融支持、技术创新到国际合作等多个方面，全面推动绿色工业化的发展。尽管挑战依然存在，但我们在绿色工业化的道路上正稳步前行。

中国企业在节能减排、清洁生产和绿色技术创新方面投入了大量努力，并取得了显著成就，这些都是响应政府绿色工业化政策和国际环保趋势的结果。

在节能减排方面，许多中国企业采取了有效措施以降低能源消耗和减少温室气体排放。这包括改进工艺流程、更新老旧设备、采用更高效的能源管理系统等。例如，一些大型制造企业通过实施系统性的能源审计和管理，成功降低了生产过程中的能耗。此外，越来越多的企业开始采用可再生能源，如太阳能和风能，以减少对传统化石燃料的依赖。在清洁生产方面，中国企业致力于减少生产过程中的污染物排放和废物产生。很多企业通过优化生产流程、采用环保材料和技术、提高资源回收利用率等方式，实现了生产过程的绿色化。例如，一些纺织企业通过采用无水染色技术和循环水系统，大幅度降低了水资源的消耗和废水排放。

在绿色技术创新方面，中国企业展现出了强烈的研发动力和创新能力。众多企业不断投入研发，推出了一系列具有自主知识产权的绿色产品和技术，覆盖了能效提升、污染治理、废物循环利用等多个领域。比如，中国电动汽车产业的快速发展，不仅减少了对石油的依赖，也推动了全球新能源汽车的技术进步。同时，中国企业在绿色建筑、节能材料、生物技术等领域也取得了突破性进展。值得注意的是，这些努力和成就不仅提升了中国企业自身的竞争力，也对全球环境保护做出了积极贡献。随着中国对绿色发展的持续推动和市场对环保产品的增加需求，中国企业在绿色工业化道路上将继续发挥重要作用。

中国制造业的未来20年全球布局

随着全球经济的快速发展和环境问题的日益突出，绿色工业革命成为全球共同关注的重要议题。在这一背景下，中国制造业的未来地位和角色将发生显著变化，同时也面临着前所未有的机遇和挑战。中国制造业一直是全球价值链中的重要一环。随着经济的转型升级，中国正逐渐由"世界工厂"向技术和创新导向型的制造强国转变。这一转变意味着中国制造业将在全球价值链中向更高端环节迈进，提供更多的高科技和高附加值产品。同时，中国对绿色和可持续发展的重视为中国制造业提供了转型升级的明确方向。通过采用清洁能源、节能减排技术和循环经济模式，中国制造业有望成为全球绿色制造的领导者，推动全球工业向更环保、更可持续的方向发展。

然而，这一转型升级之路并非一帆风顺。中国制造业在迈向绿色工业革命的过程中，面临着技术创新能力的提升、国际竞争和贸易摩擦的挑战，坦率地说，就是美西方国家对我们整体性的打压。为了保持在全球市场的竞争力，中国制造业需要不断加大研发投入，提升自主创新能力，同时积极参与国际合作，引进和消化吸收先进技术，制定规范，深度影响全球产业的格局。此外，全球贸易环境的不确定性也给中国制造业的出口带来了压力。中国需要通过改善国际贸易环境、优化产业结构和提高产品质量等措施，有效应对国际贸易摩擦的挑战，保护和拓展国际市场。此外，转型和升级的过程中还需要平衡经济增长和环境保护的关系，确保绿色转型的同时实现经济的稳定增长。这需要政府、企业和社会各界的共同努力，通过政策引导、技术创新、教育培训和国际合作等多种手段，共同推动中国制造业的绿色转型和升级。

展望未来，中国制造业在全球价值链中的未来地位和角色将更加重要，同时在全球绿色工业革命中也面临着机遇和挑战。通过不断的努力和创新，中国制造业有望在全球绿色转型中发挥重要作用，应对打压，直面挑战，摆脱桎梏，引领世界后发国家的发展，为全球可持续发展做出贡献。

第五部分

中国实践

第11章　向前迈进：零碳制造的落地战略蓝图与模式

第1节　零碳制造的减碳战略与模式

转型策略：从"双碳"压力到经济增长动力

实现将"双碳"压力转化为经济增长动力这一目标充满挑战，但也蕴藏巨大潜力。在实际操作中，我们可以识别三种不同的减碳策略。

衰退型减碳。这种方法是最直接的减碳方式，其核心在于通过减少生产活动来直接降低碳排放。尽管这种方法在理论上很简单，但在实际操作中常常面临重大挑战。由于生产活动与经济发展和社会需求紧密相关，简单地停止或减少生产会导致经济下滑和社会问题，因此，这种方法通常不被视为长期可行的解决方案。然而，在某些紧急情况下，比如为了迅速达成严格的节能减碳目标，一些地区可能会暂时采取这种极端措施，如临时的停工停产。尽管衰退型减碳在特定情况下可能出现，但它并不是一个可持续的长期策略。

增效型减碳。与衰退型减碳相比，增效型减碳更加注重效率和可持续性。这种方法旨在通过提高生产活动的碳生产率来减少排放，即用更少的碳排放实现更多的产出，或者维持相同的产出水平但使用更少的碳。这通常通过采用更高效的技术和流程、改进能源管理和优化资源使用来实现。例如，通过改进机器和设备的能效，或者通过更高效的组织和管理来减少资源浪费。增效型减碳是许多企业和政府采用的主流策略，它不仅有助于减少碳排放，同时也能带来经济效益，如降低能源成本和提高生产效率。

进取型减碳。这种方法是最具前瞻性和潜力的减碳方式，它依赖于技术和方法的创新来实现低碳或零碳排放。这包括开发和应用新的能源技术，如风能、太阳能、水能和生物质能等可再生能源，以及开发新的材料、工艺和方法来减少或捕获碳排放。通过进取型减碳，企业和社会可以在保持生产和消费活动的同时，显著降低对环境的影响。例如，使用风能和太阳能替代传统的化石燃料发电，不仅可以减少碳排放，还能促进能源的多样化和安全。此外，发展负碳技术，如碳捕捉和封存，也是进取型减碳的一部分。这些技术和方法的开发和应用需要持续的研究和投资，以及相应的政策和市场支持。进取型减碳的潜力是巨大且无法预测的，其内在的冲动性和不确定性使得创新的边界不可限定。如果进取创新成功，如可控核聚变能够实现并商业化，人类将在多大程度上改写对可再生能源的认识。同时，进取型减碳通过降低绿色产品的成本，减少所谓的"绿色溢价"（这是比尔·盖茨在《气候经济与人类未来》一书中提出的一项指标。它指某项经济活动，如零碳排放等的能源成本与化石能源成本之差，负值意味着化石能源的成本相对较高，经济主体有动力向清洁能源转换，从而减少碳排放），使得这些产品更具吸引力，进而推动社会和经济的绿色化和数字化转型。

衰退型减碳、增效型减碳和进取型减碳各有特点和适用范围。为了有效地减少碳排放并实现可持续发展，需要综合运用这些方法，结合各自的实际情况和需求，制定和实施适合自己的减碳策略。同时，技术创新、资金支持和政策引导等也是推动减碳工作的关键因素。通过共同努力，我们可以朝着低碳、绿色和可持续的未来迈进。与衰退型减碳相比，增效型减碳体现了积极导向，特别在技术落后、管理粗放的情况下，提升能源和碳生产率有较大空间。

事实上，近些年来中国在节能减排增效上取得了令人印象深刻的成绩。但增效型减碳的局限性也很明显，随着技术和管理进步，碳生产率的提升会出现递减，持续提高的空间收缩。更重要的是，这些变化主要局限于已有的技术和产业框架内，即便有技术创新，也属于所谓改进性创新，而不是颠覆性创新。碳生产率可以达到很高水平，但所用资源仍然是高碳的，如燃煤电厂节能减排达到国际先进水平，但用煤发电这一点并没有改变。

节约节能优先是一个被广泛认可和倡导的社会公德原则，其核心在于推动资源的合理和有效利用。从经济学的角度来看，节约不仅是个人和企业层面的行为，更是关乎全社会资源最优分配的重要议题。经济学关注的节约是全局性的，目的在于实现社会资源的最优配置，以促进经济的可持续发展。

在企业层面，节能通常被理解为在生产和经营过程中降低能源消耗，从而降低成本。这与减少原材料、运输、仓储和人工成本的目标相似。然而，节能的考量不仅仅局限于成本降低，更重要的是要在降低能耗的同时保持或提升产出效率，即寻求单位产出与成本之间最佳的比例。这种全局性的比较评估通常通过市场机制来实现，通过市场价格反映资源的稀缺性和价值，引导企业和个人做出节约节能的决策。

然而，将节能摆在一切之前，特别是将控制能耗作为间接控制碳排放的主要指标，可能会导致资源配置的扭曲和错配。过度强调能耗控制而忽视经济的正常运行和发展，可能会对经济带来负面影响。因此，政策制定者提出了从单纯的能耗双控转向碳排放双控的策略。这种转变旨在更加全面和精准地控制碳排放，同时避免对经济活动造成不必要的干扰，确保节能减排与经济发展的协调和平衡。

进取型减碳是跳出传统思维框架，通过探索和实施新技术、工艺和方法来实现的一种减碳策略。这种方式的独特之处在于它不受既有技术和产业模式的限制，而是在开辟新的赛道中寻找减碳的可能性。与其他类型的减碳相比，进取型减碳具有一些独特的特点和优势。

进取型减碳能够实现长期而深远的影响，它的目标是彻底改变传统的高碳技术或产业。绿色转型的核心就是技术的革新，通过使用低碳、零碳甚至负碳技术替代现有的高碳技术，从而实现整个社会的低碳发展。这不仅包括改进现有的技术，还包括开发全新的解决方案，如可再生能源技术、碳捕捉和封存技术等。这种长期的技术替代不仅能减少碳排放，也有助于减少对化石燃料的依赖，提高能源安全。

进取型减碳的潜力是巨大且无法预测的。由于创新本身具有内在的动力和不确定性，人们无法事先设定它的扩展边界。随着科技的不断进步和新思维的不断涌现，未来可能出现的创新技术和方法是无法完全预见的。例如，如果可控核聚变技术能够成功并商业化，它将在多大程度上改写我们对可再生能源的认知，这是当前我们难以完全预测的。这种不确定性和无限的潜力是创新型减碳最令人激动的地方。

进取型减碳可以大大降低应对气候变化的成本。在初期，由于研发和生产成本较高，绿色产品往往价格较贵，存在所谓的"绿色溢价"。然而，随着技术的成熟和规模化生产，这些产品的成本将会降低，价格也会相应下降。随着市场竞争的加剧和消费者意识的提高，某些绿色产品的价格甚至可能低于传统产品，即所谓的"负绿色溢价"。这不仅使得绿色产品更具竞争力，也使得普通消费者更能够承担，从而加速绿色技术的普及和应用。

在减碳领域的进取创新起初是为了降低碳排放，但随着技术的发展和产品的形成，它们常常带来了额外的好处和更广泛的社会福利。以**中国新能源智能汽车**为例，它们在2022年第一季度的销售量已经接近了全部汽车销售量的20%，远超预期。虽然消费者在选择新能源汽车时会考虑到减碳效益，但他们实际上更直接体验到了较低的使用成本、更高的技术应用、更舒适的驾驶体验和日益提升的自动驾驶能力。新能源汽车不仅仅实现了电动化，还结合了智能化、共享化等多个方面的创新。换句话说，吸引消费者的往往是除了减碳之外的其他优势，这些优势为社会提供了超出预期的福利。

进取型减碳也触发并加速了能源和其他高碳行业的数字化进程。数字经济作为继农业经济、工业经济之后的新经济形态，正在引导整个社会经济向数字化转型。即便没有"双碳"目标的压力，能源、工业、交通、建筑等高碳领域也将逐渐迈向数字化转型，但这个过程可能相对较慢。进取型减碳不仅为这些行业的数字化转型提供了动力，还可能将它们推向数字化转型的前沿。这种加速不仅有助于提高效率和降低成本，还能为实现可持续发展目标提供新的动力和可能性。进取型减碳提供了与另外两种减碳类型很不相同的可能性，有机会启动和引领远超减碳预期的经济社会发展绿色化、数字化转型。如果要做个区分的话，衰退型减碳和增效型减碳主要体现的是一种防御型战略，而进取型减碳则是一种进取型战略。应该承认，在较长一个时期，我们对进取型战略已有认识和展望，但想法和做法基本上还是停留在防御型战略。挑战在于如何尽快地转向进取型战略。

进取型减碳缺少足够的市场激励

目标和政策反映了不同的战略趋向，而激励体系是更实际的。在这里，我们专注于**碳排放权交易市场**。碳排放具有全球外部性，市场不可能直接反应。政府必须介入，以"制造"市场。诺德豪斯、斯特恩等气候变化经济学的领军者都建议给碳定价，包括交易和征收碳税以及配额和碳税。他们还期待碳排放权市场发挥重要作用。然而，无论是欧洲最早出现的碳市场还是最近成立的全球规模最大的中国碳排放权市场，其实际运行状况似乎远不及预期。除了诸多外部因素外，这些市场还存在结构性缺陷。例如，配额分配由历史法转为基准法是一个进步，但配额初次分配基本上是免费的，实际付费只发生在"调节余缺"环节。由于这些因素的影响，碳排放权市场价格调节供求、促进创新等功能的价值将大大降低。

前面提到的碳排放权市场似乎主要用于防御策略。这是更值得讨论的一个问题。进入碳排放权市场的生产者必须提高碳生产率，实现节能减排，并通过出售节省的碳配额赚取利润。对市场的设计动机而言，也期待制造者通过采用新技术提供低碳或零碳产品。然而，现实情况是，原有生产者通常存在着严重的路径依赖，缺乏兴趣，并且缺乏技术创新的能力。大多数颠覆性创新者不在"圈子"之外。另一方面，碳排放权市场对中国核证自愿减排量（CCER，它是由中国国家发展和改革委员会管理的一种碳市场工具，它是对中国境内特定项目的温室气体减排效果进行量化核证，并在国家温室气体自愿减排交易注册登记系统中登记的温室气体减排量。这些减排量可用于控排企业清缴履约时的抵消或其他用途）类型的碳汇交易规模的交易规模比重限制为5%。这是为了防止高碳生产者通过购买碳汇放松自身节能减排压力。这对整个市场结构具有重大影响。因此，我们发现最具活力的创新性减碳很少受到市场激励的关注。

进取型减碳战略的三支柱体系

为了实现"双碳"目标，必须专注于创新减碳和进取战略。中国改革开放发展的历史经验表明，对转型成功至关重要的是正确理解和处理增量和存量的关系。这体现了战略智慧和前瞻性眼界。由于其内生的活力、韧性和竞争力，民营经济在改革开放初期以拾遗补阙而获得发展空间，逐渐成长为在国民经济中举足轻重的生力军，并带动了国有经济的改革和发展。对外开放开始时也是"三来一补"，起步于沿海少数地区，逐渐推动中国成为全球贸易和投资大国。

进取型减碳战略的核心是"**增量优先、以新代旧、激励创新、市场驱动**"。从经济学的角度来看，作为传统的高碳能源，尽管仍有一定的空间来减碳，但潜力具有累退性，这意味着越往后空间越小，难度就越大，成本也越高。相反，随着产量增加、技术进步和成本下降，低碳或零碳能源的增量增加，它们的"绿色溢价"从正转负。这导致新能源替代旧能源的减碳成本优势增加。在稳住存量、确保能源供应稳定和安全的前提下，实施进取型减碳战略的目标是更快地扩大增量。这将对能够增加产出、促进发展低碳、零碳和负碳技术产品提供强有力的激励。著名经济学家、国务院发展研究中心原副主任刘世锦在其《中国能源和经济转型之路与进取型减碳三支柱体系》的报告中指出，实施进取型的减碳战略，要建立相互依存的三支柱体系。

第一个支柱：**建立一个增长型碳汇市场，以全面支持绿色技术发展**。使用低碳、零碳和负碳技术减少或抵消碳排放量，与传统高碳基准生产方法相比，可以实现增长型碳汇。现有的碳排放权市场主要致力于激励存量减排，而增长型碳汇市场可以与之并存。因此，增长型碳汇市场应该专注于激励增量部分的技术创新。该市场应广泛包容，包括绿电等绿色能源产品，以及其他行业或领域能够产生增长型碳汇的产品。可通过发行国债或央行提供专项资金，对进入增长型碳汇市场的产品按照特定价格进行初次购买，然后转入市场流通。碳汇价格是技术创新产品减排贡献的价值和报酬方式。政府可以通过增加或减少投入市场的资金规模来激励创新。为了确定增长型碳汇，需要遵守国际技术标准和规则，并使用区块链等数字技术和方法来降低成本并规范流程。

第二个支柱：形成区域自主减排责任体系。扩大对技术创新产品的市场需求是实现增量优先的关键，这直接取决于减排责任体系的成功。可借鉴国际上《巴黎协定》的原则，鼓励地方参与，提出合乎本地实际且具有挑战性的减排目标。这些目标将与后续出台的碳达峰碳中和目标"1+N"政策（"1+N"政策体系中的"1"指的是《中共中央国务院关于完整准确全面贯彻新发展理念做好碳达峰碳中和工作的意见》，这是整个政策体系的纲领性文件，发挥着统领作用，为碳达峰碳中和工作提供了总体指导和长远规划；"N"则包括了一系列具体的政策措施和实施方案——国务院印发的《2030年前碳达峰行动方案》是"N"中首要的政策文件，它详细规划了到2030年前实现碳达峰的具体路径和措施；此外，"N"还包括能源、工业、交通运输、城乡建设等分领域分行业的碳达峰实施方案，以及科技支撑、碳汇能力、统计核算、督察考核等支撑措施和财政、金融、价格等保障政策）相配合，形成省、市、区县和开发区等级别的区域减排计划和可追溯的减排责任要求。区域或企业努力减少碳排放，通过自身直接减排或制造增长型碳汇产品或通过市场交易购买增长型碳汇。因此，减排责任体系可以激发持续的对绿色技术产品的需求，从而推动增量和以新代旧。

第三个支柱：**加快建设碳核算、碳账户为重点的绿色微观基础制度。**发展增长型碳汇市场或完善减排责任体系需要一个可靠的碳核算基础，而这恰恰是目前的一大短板。在碳核算的起步阶段，可以采取的从上而下的方法首先确定了基本情况。尽管建立碳账户是普遍的，包括企业和其他机构的碳账户，但在某些情况下，个人也可以。在企业中推广环境、社会和公司治理（ESG）评估，在上市企业和大型企业中建立稳定规范的ESG评估披露制度。将更多融资活动纳入绿色金融轨道，通过发展长碳汇开发各种金融产品来支持绿色技术创新。

绿色创新需要技术和政策创新。前述的进取型减碳战略的三支柱结构就属于后者。如果对绿色转型有创意的政策和做法短期内看不准或有争议，可以在国家顶层设计的指导下在有条件有意愿的地方先做试点。这会给出一定的试错空间，并在有成功经验后改进和推广。这是我们过去改革开放的一项重要成功经验，在当前的绿色转型和创新中仍然有用。

第2节　制造业零碳转型与落地蓝图的时间线

零碳制造路线图之碳基线盘查

有了关于零碳标准的制定原则，接下来零碳制造将从概念走向现实。它不仅需要在国家层面制定更多标准、法规和政策，还需要更多的制造业企业加入其中。制造企业制定自己的零碳制造路线图是实现零碳制造的重要一步。工业企业绘制零碳制造路线图需要三步：碳基线盘查、减排目标设定和减排举措设计。

实现零碳制造的第一步是**碳基线盘查**。这包括确定组织边界、确定温室气体种类、梳理相关活动和评估排放量。

界定组织边界是指确定企业范围，例如参股或控股公司的范围。目前，有三种常见的方法来限制组织边界的碳排放。它们是"股权比例方法"，该方法根据企业的股权比例计算碳排放；"财务控制权方法"只涵盖拥有100%控制权的子公司的碳排放；以及"运营控制方法"，该方法只涵盖拥有但不持有运营控制权的子公司的碳排放。企业可以使用上述三种方法中的任何一种来定义其组织的边界。确定温室气体种类是指企业希望包含的温室气体种类。这些气体通常是《京都协定书》中列出的六种气体：二氧化碳、甲烷、氧化亚氮、氢氟碳化物、全氟化碳和六氟化硫。企业可以自行选择与其主要业务相关的温室气体种类，以计算其碳排放总量。

企业需要确定应纳入碳基线盘查的活动种类，这称为梳理相关活动。目前最常见的方法是通过计算活动数据和相关排放因子来确定排放量系数。其中，世界资源研究所（WRI）和世界可持续发展工商理事会（WBCSD）制定的《温室气体议定书企业核算与报告准则》是使用系数法确定温室气体排放量的公认标准。该方法针对温室气体核算和报告划定了三个范围。范围1即直接排放，涵盖企业生产制造过程中产生的排放，例如锅炉、熔炉等燃烧设备或工艺设备产生的化学品。范围2即间接排放，涉及企业在生产过程中消耗的能源。范围1和2都直接排放温室气体。范围3即供应链中的排放，涵盖其他间接温室气体排放。这些包括生产和提炼原料、运输燃料等采购的排放。根据2021年联合国全球契约组织（UNGC）发布的《企业碳中和路径图》，范围3排放大约占制造业总排放量的20%到40%。大多数企业至少会使用范围1和范围2排放项，也有部分企业根据其运营情况使用范围3排放项。

评估排放量是通过收集有关企业的各种活动（例如使用电量）的数据，并乘以该地区的相关排放因素来计算企业的碳排放总量。

制定零碳制造路线图的第一步是开展碳基线盘查。这将帮助工业企业确定基准年的排放量，并为后续减排目标设定和实施奠定基础。

减排目标设定

制定减排目标是实现零碳制造的第二步。为了确保减排目标可行，企业必须考虑四个方面：**投入决心**、**类型**、**范围**和**时间线**。确定投入决心是指企业需要根据当前排放水平、投资意愿以及所处行业等因素确定投入的决心，以实现碳减排目标。企业需要确定减排目标以绝对目标为主还是强度目标为主。绝对目标适用于大多数行业，为减少全球温室气体排放提供更为直接的途径。由于业务规模迅速增长，许多企业难以实现绝对目标。因此，许多企业倾向于采用强度目标（每单位经济产出的排放量，例如产值、产量或员工人数），或者同时设定绝对目标和强度目标。明确目标范围意味着企业必须明确其碳减排目标的范围（1、2、3）以及涉及的地区和业务部门。为了确保目标切实可行，企业必须设定短、中、长期目标。

科学碳目标倡议（SBTi）、**转型路径倡议**（TPI）、**X度兼容性**（XDC）和**中小企业气候中心计划**（SME Climate Hub）是目前企业设定基于气候科学的碳减排目标的四种全球广泛采用的标准。上述四种标准都使用相同的减排目标设定方法，均将企业的目标水平与不同的升温前景挂钩。

联合国全球契约组织、全球环境信息研究中心、世界资源研究所和世界自然基金会联合发起的科学碳目标倡议（SBTi）旨在通过动员全球企业制定符合气候科学的温室气体减排目标，并与《巴黎协定》相符。根据行业减排法或绝对减排法，SBTi为企业提供两类减排目标。第一个类别允许企业用绝对值（tCO2e）或强度值（如tCO2e/t产品）来设定减排目标，第二个类别提供指导。

由于其广泛的行业覆盖性和广泛的适用性，SBTi近几年迅速成为最受欢迎的将企业减排目标与《巴黎协定》对齐的方法。截至目前，全球大约2 800家公司签署了SBTi，其中160多家是中国企业。其中1 300多家已经制定了经SBTi验证的基于科学的碳减排目标。在碳减排领域，科学碳目标已经成为通用的术语和标准。由于商业趋势广泛采用科学碳目标，科学碳目标逐渐成为公司及其利益相关方共同努力实现气候目标的语言。

零碳制造落地蓝图的设计减排举措

零碳制造路线图的最后和最重要部分是减排措施。工业企业可以根据自身情况和需求制定各种减排措施，包括能源、产品、制造工艺、数字化改造、供应链协同、机制创新和技术创新。它们可以采用多种方式。许多制造企业，尤其是新建工厂，在能源方面优先考虑在工厂或所在工业园区内建设风电、光伏电站、地热站等。通过这种方式，生产制造过程的能源端可实现"零碳排放"，即企业所需电力和热力产生的二氧化碳完全零排放。

为了确保产品的全生命周期减排和增效，产品设计源头采用零碳理念，以确保产品在整个生命周期内减排和增效。这些减排措施包括使用绿色材料，例如易拆解、易分类、易回收的产品设计方案；使用无毒无害、低毒低害、低挥发性有机物等环保原料；提高再生原料的替代使用和废旧材料的再生比例；以及推动可降解包装。在制造领域，改进高排放、高污染的生产模式和生产工艺，通过节能降耗和精细化管理等方式进行绿色改造。对制造过程进行碳化改造是减排部分存量制造业企业的重要方法。这包括对工业窑炉、锅炉、电机、泵、风机、压缩机等重点用能设备系统的节能改造，以及加强高温散料与液态熔渣余热、含尘废气余热、低品位余能等的回收循环利用。

在数字化改造中，制造业企业可以实现改善管理能力、提质增效和节能减排的目标，通过收集、整理、分析和可视化制造业产业链上下游的数据。根据中国信通院援引世界经济论坛的数据，到2030年，各行各业将受益于数字技术所减少的碳排放量预计将达121亿吨。其中，数字化改造制造业能够减少27亿吨碳排放，减碳效果显著。

供应链上下游的协作是实现零碳制造的重要组成部分。在离散制造（"多个环节组合"进行生产的企业往往采用离散制造，具体是指产品生产过程由多个独立的零部件经过一系列不连续的工序加工、组装而成的制造方式。在离散制造中，每个零部件的生产通常可以在不同的时间和地点进行，生产过程具有明显的阶段性和可分性。汽车制造、电子产品制造等行业都是典型的离散制造，与离散制造相对的就是流程制造）的行业和企业中，供应链长，涉及许多上下游企业和产品，以及物流运输等配套服务。因此，这些行业的零碳制造不仅局限于企业本身，而且供应链上下游的有效减碳也是实现零碳制造的重要组成部分。在这种情况下，龙头企业更需要承担起先锋角色和赋能角色，为供应链上下游企业提供可供参考和复制的最佳减排实践。在此基础上，龙头企业将创建标准和体系，影响并赋能更多合作伙伴，以实现产业链和供应链协同减排的目标。通过实施机制创新，制造业企业可以减少二氧化碳排放，例如植树造林、直购绿电和购买绿证。在钢铁、化工、水泥等制造行业，生产过程中使用煤、石油等化石原料的工艺本身会产生二氧化碳。可以抵消这种排放，通过购买碳汇或绿电等方式。

此外，自全国碳排放权交易市场正式上线以来，"碳资产"被赋予了市场价值和流动性，越来越多的企业开始布局碳资产及其管理，碳资产管理将成为趋势。简单地说，碳资产是指在自愿或强制碳排放权交易机制下产生的减排信用额、配额排放权以及相关活动，这些活动可以直接或间接影响组织的温室气体排放。这些活动包括CCER项目、碳信用、碳金融和碳配额。比如2022年7月，上海市人民政府办公厅发布了《上海市瞄准新赛道促进绿色低碳产业发展行动方案（2022—2025年）》，该行动方案要求通过依托全国碳交易系统，增加市场交易主体，引入碳交易信用保证保险，建立碳普惠机制，并鼓励企业不断提高碳资产管理能力。之前再三提及的二氧化碳捕捉、利用和存储（CCUS）技术，则是目前技术手段下制造业减碳的重要技术。该技术适合我国的国情，因此应该加强技术研究，鼓励采用CCUS技术方案。随着成本的大幅降低，CCUS技术将在未来20年每年减少数亿吨二氧化碳排放。

总之，通过制定科学的零碳制造路线图，以及进一步明确和完善零碳制造标准，中国工业制造业企业有望在零碳制造的道路上找到成功且可推广的零碳道路。这将书写波澜壮阔的零碳制造新篇章，从而促进中国碳中和进程和产业的进步。

第3节　企业如何布局零碳转型

企业在布局零碳转型的过程中，需要采取一系列策略和措施来减少温室气体排放，同时确保经济的可持续增长。这不仅是应对气候变化的必要之举，也是塑造企业未来竞争力的关键。

首先，企业需要进行**碳足迹评估**，明确其运营、生产和供应链中的主要碳排放源。这包括直接排放（如工厂排放）和间接排放（如供应链活动）。了解自身的碳足迹是制定有效减排策略的前提。

其次，设定**科学的减排目标**。这些目标应具有时间框架，反映出企业对于实现净零排放的承诺和行动计划。同时，企业应考虑加入国际倡议如科学基础减排目标倡议（SBTi），以确保其减排目标既具有挑战性又科学合理。

接着，企业应推动**能源结构的转变**。这包括提高能效，减少能源浪费和大力发展及使用可再生能源。通过投资太阳能、风能等清洁能源项目，企业不仅可以减少对化石燃料的依赖，也可以在长远中减少能源成本。

同时，企业应倡导**绿色供应链管理**。这涉及到与供应商合作，鼓励他们采取减排措施，以及优先选择那些环保意识强且实施绿色实践的供应商。并且，企业可以通过产品设计和包装减少材料的使用和浪费，进一步减少碳排放。

此外，机制和技术**创新**是推动零碳转型的关键。企业应投资研发，探索和采纳新技术和业务模式，如碳捕捉和封存技术、循环经济等，以实现低碳甚至负碳的生产和运营。

在这一过程中，企业还应积极参与**政策倡导**和**行业合作**。通过与政府、行业组织和其他企业的合作，企业可以推动形成支持减排的政策环境，分享最佳实践，共同提升整个行业的减排效率。

最后，**透明的碳排放报告和沟通**也至关重要。企业应定期公布其减排进展和成效，接受外部审核，以建立公众和投资者的信任。通过展现其对零碳转型的承诺和成果，企业可以提升其品牌形象，吸引更多的客户和投资。

　　总之，企业的零碳转型是一场复杂的系统工程，需要长期的承诺和持续的努力。通过科学评估、目标设定、能源转型、供应链管理、机制和技术创新、合作倡导以及透明沟通，企业不仅可以减少其对环境的影响，还可以在转型中发现新的增长机会，实现经济与环境的双赢。

第 12 章　零碳制造的中国实践

《诗经》有一首《小星》，第一段是这样说的：

> 嘒彼小星，
> 三五在东。
> 肃肃宵征，
> 夙夜在公，
> 寔命不同。

中文意思是，"微光的是那小星，三颗五颗在东方的是大星。急急忙忙夜里行，从早到夜都从公，实在命运各不同"。为什么要引这段诗，因为我觉得这就是当代中国制造业，乃至整个中国当代工业建设发展的写照。新中国建立以来七十余年，改革开放以来四十余年，我们的父辈夙夜在公，奉献青春，建立起了全世界最完整的工业体系，并成为了当今世界的制造业第一强国。几代中国人，无数大中小型企业，从微光的小星，到参宿与昴宿的大星，从少渐多，从暗到亮，直到满天星斗，耿耿银河，驱散弱肉强食的黑暗森林的迷雾，映照前路，给后来者以莫大的希望——工业化的中国是世界的灯塔。

今天，工业化的中国正在面对美西方国家以"绿色转型"这一

"大义名分"作的挑战。我们中国接受了这一挑战，很好地完成了阶段性的任务，在碳减排、碳中和的工作上做出了非凡的成就，零碳中国的愿景已经在有力地落地并逐步成为现实。在这一章中，我们选择了9家各种类型的企业展示了他们在绿色转型和零碳制造上的工作和成就，它们有世界五百强，也有中小企业，"嘒彼小星，三五在东"，但一样发出闪耀的光芒，代表着零碳中国当下的成就和未来的期待。希望这些案例能和将来所有零碳中国的成就一起，汇聚成不息的灯塔，引领我们这个不公正、不公平，满是桎梏、压迫、剥削和不义的世界走向最美好的未来。

有个声音来自最美好的远处，
它在黎明时分含着晨露。
绚丽灿烂的前景令人心驰神往，
我像儿时一样雀跃欢呼。
啊，最美好的未来！可不要对我冷酷，
可不要对我冷酷，不要冷酷！
我就从零点起步，向最美好的未来，
向最美好的未来，哪怕是漫长的路。

——尤·恩津《最美好的未来》

第1节　贵州轮胎：分布式光伏电站助力工厂"零碳制造"

贵州轮胎的"双碳"策略展现的是中国企业普遍呈现的优秀品质，即与国家大局同频共振；同时，中国企业优秀的管理能力、创新能力与扎实的落地能力也在清晰的短期目标的实现进程中得以展现。

贵州轮胎的"双碳"策略

贵州轮胎（贵州轮胎股份有限公司）前身为贵州轮胎厂，始建于1958年，是全球商用轮胎规格品种较为齐全的轮胎制造企业之一。

党的十九届五中全会把"碳达峰、碳中和"作为"十四五"乃至2035国家战略目标，为响应号召，贵州轮胎很快就制定了"双碳管理"的远期与短期战略规划。

远期规划是，以国家2030年碳达峰、2055年碳中和的整体目标作为公司双碳管理的发展战略目标。而短期规划则以2024—2026年为区间阶段，建立贵州轮胎完整的双碳管理小组，制定完整的双碳管理制度，建立符合标准的"双碳管理体系"，建立信息化的双碳管理平台，通过用能结构调整、新能源项目开发、生产工艺优化、新技术引进等手段进行内部降碳，同时进一步对上下游供应商、运输物流等外部领域做出减碳要求及规划。其主要目标是2024总碳排放强度下降约7%；2025年总碳排放强度下降约15%；2026年总碳排放强度下降约19%。

贵州轮胎的"双碳"策略展现的是中国企业普遍呈现的优秀品质，即与国家大局同频共振；同时，中国企业优秀的管理能力、创新能力与扎实的落地能力也在清晰的短期目标的实现进程中得以展现。

因地制宜的分布式光伏发电

贵州轮胎在实现其短期目标的进程中，引入分布式光伏发电，这是工厂"零碳制造"进程中最具特色、走在国内前列的成就。

2023年贵州轮胎利用其办公楼、原材料库、炼胶车间及里程实验室等混凝土屋面建设了5.8兆瓦的一期分布式光伏电站，实现年节约电费至少60万元，减少年平均二氧化碳排放2 648.6吨。

2024年建设二期光伏，利用前进工程胎车间彩钢瓦屋顶、公用工程屋顶及模具库彩钢瓦屋顶等建设了11.21兆瓦分布式光伏发电，二期光伏年平均发电量896.4万千瓦时，将减少年平均二氧化碳排放5 112.3吨。

　　同时贵州轮胎2024年下半年将进行三期光伏项目的建设，引进柔性光伏组件，使得荷载不满足普通组件的彩钢瓦屋顶也具备了安装光伏组件的可行性。预计到2024年底贵州轮胎分布式光伏电站装机将达到51.7兆瓦，年平均发电量3 945.4万千瓦时，年平均碳排放量减少22 500.4吨。

　　贵州轮胎分布式光伏电站涵盖水泥顶屋面普通组件、彩钢瓦普通组件及彩钢瓦柔性组件，基本涵盖了分布式光伏电站的所有安装方式。

　　众所周知，光伏的发展趋势是分布式电站，而工厂的分布式光伏电站将是未来制造业降碳的重要途径，充分利用工厂空闲屋顶面积，同时也不占用绿化面积。贵州轮胎的分布式光伏电站在中国制造业的降碳行动中有极大的推广和借鉴效果。它犹如一篇科技与绿色经济交

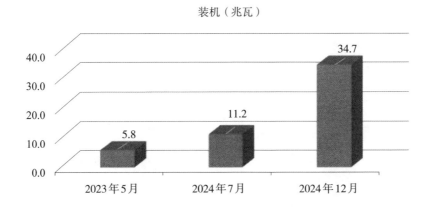

装机（兆瓦）

年平均发电量（千瓦时）

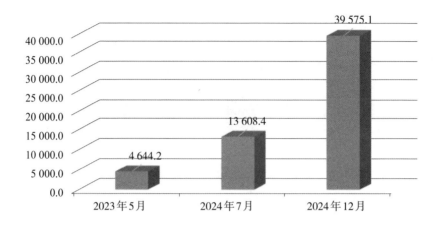

年平均减少碳排放量（tCO$_2$，即吨二氧化碳，这是衡量二氧化碳排放量的常用单位）

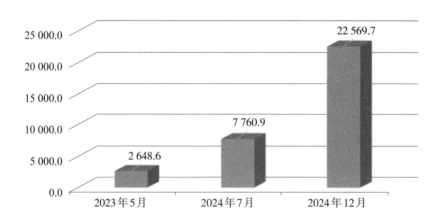

响的序章，引领着中国制造业向可持续发展的未来加速迈进。在这片
被智能光线覆盖的屋顶下，每一个光子的跃动不仅仅是能量的转换，
更是创新驱动发展蓝图的闪现。

贵州轮胎的探索与实践代表着时代的方向

展望未来，随着物联网、大数据、人工智能等前沿科技与可再
生能源的深度融合，贵州轮胎乃至整个行业的"零碳制造"之旅将

更加智能化、高效化。这场绿色革命不仅重塑了生产模式，更见证了中国制造业在科技赋能下，向着更高层次的全球绿色竞争力飞跃。贵州轮胎的探索与实践，如同一颗璀璨星辰，照亮了全球工业减碳之路，预示着一个以科技为翼，绿色为帆的新工业时代正乘风破浪而来。

第2节　永臻科技："零碳雄心"的实践、成就和策略

"绿色生产、绿色运营、数字化转型、行业合作典范。"永臻长期坚持绿色发展理念，不断创新环保技术和管理模式，实现经济效益与环境保护的双丰收。

常州的永臻科技（永臻科技股份有限公司），专业从事绿色能源结构材料及应用的研发、制造和销售，在当代的光伏行业，是个响当当的名字。2023年，永臻科技被评为国家级专精特新"小巨人"企业，这不仅是国家对他们技术和市场表现的认可，更是给了他们更大的市场信心。

"零碳雄心"的实践

永臻科技在环保和可持续发展方面取得了显著的成就，是其长期坚持绿色发展理念、不断创新环保技术和管理模式的结果，充分展示了其作为行业领导者的责任感和前瞻性。永臻通过"绿色生产、绿色运营、数字化转型、行业合作典范"这一系列综合措施，不仅为公司自身带来了长远的发展动力，而且实现了经济效益与环境保护的双

赢，更为整个行业树立了绿色发展的典范。

实践1：**绿色生产**。提高再生铝原料使用比例。2024年上半年，永臻在原材料选择上积极采取减碳措施，通过回收和再利用铝废料，减少了对新资源的开采需求，从而降低了开采过程中的碳排放。据统计，2004上半年，永臻再生铝原料使用量为16.1万吨，原生铝锭使用量为9.5万吨，再生铝原料使用占比达63%。这不仅有助于节约资源，还能降低生产成本，提高经济效益。

实践2：**绿色运营**。提高光伏发电量。2024年4月12日，生态环境部、国家统计局发布《生态环境部、国家统计局关于发布2021年电力二氧化碳排放因子的公告》，供核算电力消费的二氧化碳排放量时参考使用。据此公告，2024年上半年，永臻常州基地光伏发电量为3 243.6兆瓦，相当于减少碳排放2 092.5吨；永臻滁州基地光伏发电量为6 053.1兆瓦，相当于减少碳排放4 282.6吨，两个基地光伏发电量共9 296.7兆瓦，减少二氧化碳排放6 375.1吨。

此外，永臻芜湖基地正在厂房屋顶建设分布式光伏发电站，待建成并网后，每年可新增光伏发电量39 200兆瓦，相当于减少二氧化碳排放27 730吨。通过安装分布式光伏发电站，永臻科技实现了绿电的自主生产和利用，不仅有效降低了碳排放，也减少了对传统电力的依赖。这些都展示了永臻科技在碳减排工作上的力量和决心。

实践3：**数字化转型**。永臻芜湖基地的建设充分展现了工业4.0标准的实践与应用，比如：无危害排烟除尘系统、再生铝破碎除尘系统、循环水及智能控制系统、负压真空铸造系统、适用于铝棒挤压的空中RGV（即有轨制导车辆，也被称为有轨穿梭小车，运行依赖于固定的轨道，这种设计使其在特定场景下能发挥巨大的作用）运输系统、氧化生产线自动化控制系统、全自动智能环保立式氧化生产线、空中在线立式时效炉及智能控制系统、光伏铝边框自动生产线及制造执行控制系统、光伏铝型材氧化成品到边框工序物料空中自动传输系统、光伏铝边框自动打包系统，等等。永臻芜湖基地的建设不仅体现了工业4.0的核心理念——智能化、自动化、网络化、绿色化，还通过多项首创发明的应用，极大地提升了生产效率和产品质量，为铝加工行业提供了可借鉴的智能制造解决方案，推动了整个行业的转型升级。

"零碳雄心"的成就

2024年上半年，目前永臻各基地中设计产能最大的芜湖基地正处于试产阶段，碳足迹还无法明确，但以永臻科技成熟运营的常州基地为例，通标标准技术服务有限公司（SGS）核查永臻公司常州基地2023年碳足迹结果展示，完全使用原铝原料生产时，单位活动碳足迹约为 17 376.981 $kgCO_{2e}$（千克二氧化碳，这是用于表示温室气体排放量的计量单位，特别是产品碳足迹的计算结果，表示产品生命周期内各种温室气体排放量的加权之和。这种计量方式能够反映各类温室气体所带来的温室效应差异，从而综合评估温室气体排放对环境的影响），而完全使用再生铝原料时，单位活动碳足迹大幅下降至约 1 864.46 $kgCO_{2e}$。这一数据表明，通过技术开发和环保措施的实施，碳排放下降了约89%。

2024年上半年，永臻再生铝原料使用量为16.1万吨，原生铝锭使用量为9.5万吨，原铝占比37%，再生铝占比63%，单位活动综合碳足迹约为 7 621 $kgCO_{2e}$。

永臻科技在环保和可持续发展方面的努力和成就是非常显著的，这不仅有助于保护地球环境，也符合全球可持续发展的趋势。

"零碳雄心"的有效实施策略

如果我们回顾永臻科技的实践和成就，我们就能看到其成功有迹可循，它的实施策略是有效的。这为相关行业的零碳目标的追求和实现，提供了非常大的启发和可践行的方案。

策略1：减排目标明确。确立并实现具有挑战性的短期与长期碳减排目标，在未来五年内将单位产值碳排放量降低≥30%，十年内实现碳中和。通过设定高标准的减排目标，激发企业内部潜能，引领行业向低碳未来迈进。提升员工对环保的认识与责任感，促进企业内外部资源的高效配置，推动技术进步与产业升级。

策略2：科学减排且全面系统。完成由SGS（通用公证行，是一家成立于1878年的国际公认的测试、检验和认证机构，总部位于瑞士日内瓦）核查的公司内部碳足迹报告，并基于报告结果制定并执行全面系统的减排措施，包括但不限于能源结构优化、生产过程改造、产品环保设计等。确保减排措施的科学性、针对性和有效性，实现精准降碳。显著降低公司整体碳排放量，提高资源利用效率，形成可复制、可推广的减排模式。

策略3：充分的组织保障和绩效激励。建立健全环保与可持续发展组织架构，明确各级管理人员及员工的环保职责；实施绿色绩效评价体系，将环保成果与员工奖惩挂钩。强化组织内部环保管理，激发员工参与环保的积极性与创造性。形成上下一心、共同推进环保与可持续发展的良好氛围，提升员工综合能力和职业素养。

策略4：积极影响并推动上下游脱碳并取得实效。通过供应链合作、技术交流等方式，积极引导和帮助上下游企业实施减排措施，共同构建绿色供应链。扩大环保与可持续发展的影响力，促进全产业链的低碳转型。形成绿色、低碳、循环的产业发展模式，提升整个行业的可持续发展能力。

未来，永臻科技将与行业内外伙伴建立广泛合作，共同推动绿色低碳技术的研发与应用，分享环保与可持续发展的成功经验。树立行业合作典范，加速行业低碳转型步伐。通过合作创新，提升行业整体的环保技术水平与竞争力，推动形成更加绿色、低碳的全球经济体系。

第3节　普利司通：价值链的全面绿色转型之旅

在中国，为中国。当下，在中国这一新能源世界领先国家的支持下，普利司通的碳中和目标得到了有效保障和全面实现，真正展现了中国实践中的新质生产力高质量发展之路。

普利司通为轮胎行业的领军企业之一，在全球拥有48家专业的轮胎生产工厂和25家关联工厂。普利司通（无锡）轮胎有限公司成立于2003年，现有员工1 400余人，主要从事乘用车中高档子午线轮胎的生产，作为全球知名的轮胎及橡胶产品制造商，自成立以来，普利司通始终秉持创新、品质与可持续发展的理念，致力于为全球消费者提供卓越的产品和移动出行解决方案相关服务。多年来，普利司通坚守其"以卓越品质贡献社会"的企业使命和"为了将来所有的孩子们都能安心的生活"的环境宣言，在谋求企业自身成长的同时一直致力于与自然共生、珍惜资源、降低碳排放。2020年集团确立了企业新愿景，即到2050年，普利司通将持续为社会和客户创造价值，成为一家提供可持续发展解决方案的企业。

普利司通E8承诺

"普利司通E8承诺"，于2022年3月1日普利司通集团成立91周年之际正式推出。这一承诺由8个以英文字母"E"开头的普利司通价值取向组成，包括Energy（能源）、Ecology（生态）、Efficiency（高效）、Extension（畅行）、Economy（增益）、Emotion（激扬）、Ease（舒适）和Empowerment（赋能）。这些价值观旨在指导普利司通在产品、服务和解决方案的开发和交付过程中的决策，支持实现一个可持续发展的社会。

普利司通的碳中和时间表

普利司通已明确设定了雄心勃勃的碳中和时间表，旨在通过全面的减排措施和碳补偿手段，实现2030年将二氧化碳总排放量（范围1和范围2）减少50%（相较于2011年），2050年实现碳中和。并承诺将可再生和回收材料的使用比率在2030年提高到40%，2050年提高到100%。普利司通将联合价值链，在轮胎生产和销售、使用和再生

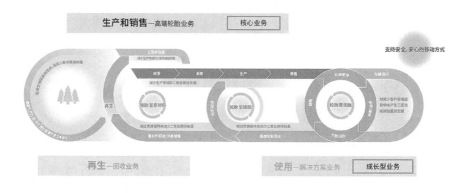

的不同阶段打造三个循环，来助力达成这些目标，为缓解全球变暖做出贡献。

普利司通的绿色生产与运营

绿色生产与运营是普利司通实现碳中和目标的关键环节之一。不仅仅是低碳产品的研发，公司致力于通过改进生产工艺、优化生产流程、提高能源效率等手段，减少生产过程中的碳排放和资源消耗。同时，普利司通还注重废弃物的减量化、资源化和无害化处理，努力实现生产废物的零排放。在运营方面，公司积极推广绿色办公、绿色出行等低碳生活方式，引导员工和消费者共同参与节能减排行动。

产品技术和制造工艺创新

为了迎合新时代的发展，普利司通推出了新的创新技术ENLITEN，通过提高耐磨性、长寿命和低滚动阻力，提高产品的可持续性，与此同时通过BCMA的通用模块化生产工艺，提高资源生产率等来实现"终极定制"。这些创新帮助普利司通在降低成本和减少对环境影响的同时，为客户创造新的价值体验。

能源结构优化和带动供应链降碳

为了实现一个碳中和的出行社会，全球范围内积极采用可再生能源，普利司通计划到2026年将绿色电力的比例提高到70%以上。普利司通于2023年加入了SBTi科学碳目标倡议，承诺到2026年，其92%的供应商（按购买商品和服务的排放量计算）将设定基于科学的碳目标，加速推进整条价值链的各项降碳举措，带动上游供应商一起为实现碳中和社会做出贡献。

研发使用可回收和可再生材料的轮胎

目前普利司通生产的轮胎中可持续材料比重约39.6%，目标是到2030年提高至40%，到2050年达到100%。为此，普利司通启动了天然橡胶的供应多元化—银胶菊项目，研发从生长在干旱地区的银胶菊中提取天然橡胶来生产轮胎，目前该技术已经应用到了NTT INDYCAR ®系列赛事的赛车轮胎上，逐步迈向商业化；另外，集团的轮胎翻新业务通过可靠的技术将轮胎胎面进行再加工和翻新处理，为轮胎实现第二次、第三次生命甚至更多，大大降低了原材料的耗用，提高了资源生产率并减少二氧化碳排放；对于那些无法修补或再利用的废旧轮胎，普利司通全球启动了EVERTIRE项目，旨在建立供应链生态，将废旧轮胎"还原"为橡胶或其他原材料，实现循环再利用。

基于创新技术和工艺打造绿色和智能化工厂，稳步提高现场生产效率和资源生产率

结合先进工艺的绿色生产。普利司通无锡工厂引进了创新轮胎技术ENLITEN，实现了轮胎重量和滚动阻力的显著降低，并提升了材料的磨损寿命，有助于节约能源并降低环境影响；与此同时延长轮胎的使用寿命，降低油耗，在优化轮胎各项性能指标的同时帮助客户节约成本和提升运营效率。另外，普利司通特有的通用模块化技术BCMA（一种简化开发和生产的基础研发和制造技术），通过产品间共享部件减少生产转换并降低制造成本，以及通过共享模块降低开发成本，通过追求"终极定制"来提高盈利能力，同时减少制造过程的环境影响。

绿色能源及余热回收的智能平衡调度减排应用。通过部署在厂房及停车场顶部的光伏板供能给厂区用电，同时通过生产过程中的废气回收燃烧、余热回收系统，冷凝水回收系统、废水处理系统，降低和减少碳排放和污染物排放。

智能装备和先进工艺结合的高效、节能降耗、安全的数智化集成架构系统。在智能化转型方面，我们计划通过数字化传感、人工智能和自动化控制等技术连接整个生产过程，实现高精度、高效率的研发与制造。通过数据决策支持的生产过程优化，导入了能源一级、二级可视化，三级可视化计划在2026年实施完毕。

上述实践降低了单位产品能耗，无锡工厂能源消耗2024年对比2022年降低4%，减少大量二氧化碳排放，实现了显著的节能减排效果。通过绿色能源及余热回收的智能平衡调度减排应用，全年碳排放可减少1.25万吨，同时提高了能源的利用效率，降低了生产成本。

相关认证与荣誉

- 集团连续14年入选"道琼斯可持续发展亚太指数"
- 集团连续6年入选"富时社会责任指数系列"
- 集团连续第八年在CDP*指数中获得A-或以上的评级
- 普利司通无锡工厂在2023年荣获国家级绿色工厂
- 荣获2024年上海气候周"气候灯塔"年度领航奖

Member of
**Dow Jones
Sustainability Indices**
Powered by the S&P Global CSA

DJSI 全球
（第5次，连续2年）
DJSI 亚太 （连续14年）

**MSCI ESG 评级
「AAA」**

气候变化: A
水资源安全: A-

第4节 蒙牛乳业：更营养、更智慧、更绿色

作为一家全球领先的中国乳品制造企业，蒙牛乳业始终与国家意志同心同德，响应国家"双碳"战略目标，建立并完善"双碳"管治架构，设定"2030年碳达峰，2050年碳中和"的双碳战略规划。围绕生产、原奶、包装、运输、产品等环节，不断加强自身碳排放管理，并与价值链上下游伙伴共同推动价值链绿色低碳发展。

蒙牛乳业（内蒙古蒙牛乳业［集团］股份有限公司）常年稳居全球乳业前十。它的第一大战略股东就是中粮集团有限公司。蒙牛集团专注于为中国和全球消费者提供营养、健康、美味的乳制品，形成了包括液态奶、冰淇淋、低温、鲜奶、奶粉、奶酪等品类在内的丰富产品矩阵。在高端纯牛奶、低温酸奶、高端鲜奶、奶酪等领域，它的市场份额处于领先地位。

与国家意志同心同德，守护人类和地球共同健康

作为一家全球领先的中国乳品制造企业，蒙牛乳业始终与国家意志同心同德，响应国家"双碳"战略目标，建立并完善"双碳"管治架构，设定"2030年碳达峰，2050年碳中和"的双碳战略规划。围绕生产、原奶、包装、运输、产品等环节，不断加强自身碳排放管理，并与价值链上下游伙伴共同推动价值链绿色低碳发展。蒙牛公司以"守护人类和地球共同健康"为可持续发展愿景，"生产更营养的产品、引领更美好的生活、守护更可持续的地球"作为可持续发展使

命，最终形成"GREEN可持续发展战略"。蒙牛GREEN战略包括可持续的公司治理、共同富裕的乳业责任、环境友好的绿色生产、负责任的产业生态圈、营养普惠的卓越产品五大战略支柱，细分为15项议题、28项行动，涵盖总计178项可持续发展指标。2021年，蒙牛联合全球顶级咨询公司波士顿咨询（BCG），科学严谨地制定全产业链2050年碳中和的战略目标，并积极探索全范围内碳排放绝对值的测量及下降，努力实现《巴黎协定》设定的目标。

乳业"零碳战略"的中国实践：乌兰布和沙漠生态治理

蒙牛乳业率先在行业中打造首家国内、国际双认证的"零碳工厂"，持续践行乳业可持续发展责任。自2009年以来，蒙牛携手旗下中国圣牧对乌兰布和沙漠进行大规模生态治理。同时，蒙牛发布了《森林保护政策》，承诺力争在2030年前实现"零毁林"，致力于消除供应链森林砍伐风险，为森林保护贡献蒙牛力量。

蒙牛携手旗下中国圣牧对乌兰布和沙漠进行大规模生态治理这件事，是值得略作介绍的，乳业"零碳战略"的中国实践，在全世界都是遥遥领先的。

乌兰布和沙漠是我国八大沙漠之一，蒙语意为"红色的公牛"，总面积约1 500万亩，其中近430万亩分布在巴彦淖尔市磴口县境内，占县域总面积近70%。作为我国八大沙漠之一，这里年均降水量只有140毫米左右，蒸发量却可达2 400毫米。漫漫黄沙每时每刻都在侵蚀着周边的水域和农田，就连黄河也饱受沙尘的侵扰。

蒙牛在乌兰布和沙漠的治理工作是从2009年开始的，经过十余年的努力，沙漠已经变成了一座"绿色花园"，并且实现了路通、电通、水通、网通，基础设施完善。蒙牛在中国西部沙漠走廊的咽喉地带种了9 700多万棵绿树，筑起了一道严密的防沙屏障，绿化沙漠200多平方公里，创造了沙漠中的绿洲奇迹。蒙牛还在此建成了全球最大的有机原奶生产基地，可饲养奶牛10万头，在世界范围内开创了防沙治沙与循环经济结合的典范。截至2023年，乌兰布和沙漠总面积净减少96.54平方公里。林地、草地、耕地、水域湿地植被面积大幅增加。昔日黄沙漫天，如今绿野田畴，现在的乌兰布和沙漠有了不一样的生机和活力。

蒙牛乳业的全面绿色转型

在履行社会责任，实现零碳生产、环境治理的同时，蒙牛乳业持续推进绿色产品、绿色包装、绿色运营、绿色物流、绿色营销、绿色行动及数智化转型，以树立绿色发展标杆，助力全面绿色转型。尤其值得一提的是绿色物流和数智化转型，值得各行业的参考借鉴。

众所周知，物流运输过程中会产生大量的碳排放，为此，逐步升级物流车辆为新能源车、使用生物质燃油、优化运输结构，是降低碳排放的必由之路，蒙牛也正是这样做的。比如，他们建立起集约化的运输模式，基于网点配送量需求，筛选后采取工厂直发的方式，避免分仓中转，缩短产品发运里程。并且，优化了运输结构。蒙牛与铁路局、海运公司达成战略合作，设计11条班列发运线路，2023年累计发运269万吨产品。同时积极开展中长距离货物运输"空转铁"试点项目，实现空运转铁路累计里程约11.35万公里。再进一步优化了运输路线。所有牧场运奶车辆均安装定位系统，逐年优化运奶车辆运输线路。2023年，蒙牛完成60条运输线路的优化，缩短里程约4 690公里，碳排放降低2 400吨。与此同步，还进行了新能源车替代与绿色仓储建设工作。

而蒙牛的数智化转型，更是为企业发展提供了新质生产力，在国家推进制造业数智化转型的时代感召下，采用包括罗克韦尔自动化在内的全球领先技术，打造"宁夏超级数智化"工厂。坚持高效、智能、绿色可持续的定位，彻底打通牧场到餐桌的全产业链、生产制造商的全设备链、SAP系统（一种企业资源规划［ERP］软件）到生产线的全系统链，打造智慧采供、智慧能源、智慧生产、智慧检验、智慧物流和智慧园区，共计实现18个模块、36个系统、83项功能、1 270项技术业务管理创新。

蒙牛乳业以其绿色物流和数智化转型的实践，树立了行业绿色发展的新标杆。通过智能化物流管理与新能源车辆的应用，大幅减少了物流环节的碳足迹，而其在数智化领域的深耕，不仅提升了生产效率与管理智能化水平，更展示了传统行业向数智化时代跨越的可能性。这些创新举措不仅助力蒙牛实现了自身运营的低碳高效，更为各行各业提供了

乌兰布和沙漠生态治理成就

宝贵的经验与启示。在面对全球气候变化挑战的今天，将绿色理念深植于企业战略，辅以数智化技术的强力驱动，是通往可持续未来的必由之路。蒙牛的故事，是对"绿色+智能"发展模式成功探索的最佳注脚，鼓舞着更多企业在这场绿色革命中奋力前行，共创零碳中国的美好未来。

第5节　上海毅忠：万物互联的绿色智能家居生态

上海毅忠在绿色智能上的创新努力不仅在微观层面为家居生态建构构筑起一道坚实的绿色防线，还在宏观层面上积极响应并推动了"绿色中国""健康中国""零碳中国"以及"数字中国"的国家战略。这些技术如同紧密咬合的齿轮，共同驱动着一个全面、智能、可持续的绿色空气解决方案向前发展。

随着城市化进程的加速推进，高楼林立、车流不息的景象日益成为现代生活的标志。然而，这一进程中，空气质量悄然成为了影响都市居民健康的关键因素。污染物如细颗粒物（PM2.5）、二氧化硫和氮氧化物等随着工业排放和汽车尾气不断累积，不仅遮蔽了蓝天，更潜移默化地侵蚀着人们的呼吸健康，哮喘、心血管疾病等与空气污染相关的病例显著增多。

在此背景下，"绿色智能"理念的兴起，为破解城市空气质量困局提供了一条创新路径。所谓绿色智能，即通过融合绿色科技与人工智能，旨在实现城市和人居的整体或局部环境的可持续发展与智能化管理。城市整体的空气质量提升，有赖于环境整体的治理和改造，同步的，在人居局部环境，特别是家庭、教育和医疗场景下的局部空气质量管理，也直接关系到人民生活水平的提高。

上海毅忠的绿色智能方案：微观的物联网集成

在这个方面，上海毅忠（上海毅忠环保科技发展有限公司）的室内空气质量管理方案及其制造实践，在行业内则是值得一提的。上海毅忠是一家致力于医用照明科技、环保科技领域的高科技企业，其专注的领域是环境空气净化设备以及环境空气消毒净化设备，因其所长，它设计出一种创新且高效的室内空气质量管理方案，这一技术方案能够实时监测室内空气质量，并智能地自动启动空气净化功能。如果仅仅只是空气净化，这并不是一种让人惊艳的场景，上海毅忠的方案，最为出色的地方是：实现了空调系统与家中其他智能设备的互联互通，构建了一个**智能化、绿色化的家居生态系统**。简单地说，就是打造四个核心部分：空气质量监测传感器、等离子发生器、空调系统以及它们之间的集成设计。这四个部分共同协作，为用户打造一个智能、健康、舒适的家居环境。这就是**物联网集成技术**在智能家居生态系统上的具体应用。

从绿色智能家居生态到智慧城市建设

到这里就可以介绍一下上海毅忠的五大核心技术，他们共同构建了这一全面的绿色空气解决方案。

空气质量监测传感器。其持续采集室内空气中的关键指标，实现室内环境的数字化监测。这一举措不仅符合国家对环境监测的严格要求，也推动了智能家居行业的绿色化发展，助力"绿色中国"和"零碳中国"目标的实现。

内置处理器。其能进行实时数据分析与决策，能够自动触发空气净化措施，确保室内空气质量的持续优化，为用户创造一个更加清新、健康的居住环境，响应"健康中国"的号召。

人工智能与机器学习算法。通过其赋能，实现了对空气质量数据进行深度挖掘和分析的可能。这一技术的应用不仅提高了空气净化效率，还增强了系统的智能化水平，体现了国家在人工智能和大数据领域的政策导向。通过预测空气质量变化趋势，能够提前启动空气净化功能，并在严格遵守国家数据保护法规的前提下，通过大数据，提供更加个性化的服务。

空调系统与家中其他智能设备的互联互通。其构建了一个智能化、绿色化的家居生态系统。这一物联网集成技术的应用不仅提高了家居生活的便捷性，也推动了"智慧城市"的建设。通过设备间的协同工作，共同营造出一个舒适、健康的家居环境，为"智慧城市"中的智慧家居板块贡献力量。

远程控制的便捷方式。这一技术积极响应国家关于远程服务和智能家居发展的政策导向。通过手机App或网页平台，用户可以随时随地查看室内空气质量数据，并远程控制空气净化系统的运行状态。这种智能化的管理方式不仅让用户更加省心，也提高了家居生活的智能化水平，为"数字中国"建设添砖加瓦。

上海毅忠在绿色智能上的创新努力不仅在微观层面为家居生态建构构筑起一道坚实的绿色防线，还在宏观层面上积极响应并推动了"绿色中国""健康中国""零碳中国"以及"数字中国"的国家战略。这些技术如同紧密咬合的齿轮，共同驱动着一个全面、智能、可持续的绿色空气解决方案向前发展。不仅是对高品质生活追求的积极响应，更是对国家智慧城市建设和绿色发展战略的深度践行。从细微的家居单元出发，逐步辐射至整个城市乃至国家的发展大局，引领我们向更加绿色、健康、智能的未来迈进。

第6节　百行行工业智能科技：绿色工业智能化的先锋队

微质子水灌溉技术以其高效利用水资源、改善土壤环境、节能降耗以及提高作物产量和品质等显著优点，在现代农业发展中发挥着重要作用。随着百行行这项技术的不断推广和应用，相信微质子水灌溉技术将为农业生产带来更多福祉，推动现代农业向着更加高效、环保和可持续的方向发展。

百行行与智能制造

党的二十大报告提出，推动制造业高端化、智能化、绿色化发展，这为先进制造业高质量发展指明了方向。其中，高端化指重点发展先进高端制造业，智能化强调创新技术的应用，绿色化则代表制造业的绿色低碳转型和可持续发展。国务院印发《中国制造2025》后，我国积极推进绿色制造、智能制造等重大工程。绿色制造要求强化制造业的绿色升级改造，推动建成绿色制造体系，实现制造业的低碳循环和可持续发展；智能制造要求培育和推广智能制造模式，构建完善的智能制造标准体系，持续推动企业的智能化改造，深度运用数字技术、信息技术等先进技术以提升制造业的智能制造水平。而绿色工业智能化，则是绿色制造＋数字智能。这实际上是一个涉足未多的领域，大有可开拓的空间。

在这个领域，值得一提的就是百行行（百行行工业智能科技［上海］

有限公司）。百行行工业智能科技创立有十年的历史，他们成功将高能等离子冷库、高能等离子空气处理器以及一系列先进的物理抗菌科技装备应用于农业、工业等多个关键领域，其高能等离子冷库的应用为农业领域带来了前所未有的变革，显著提升了农产品的保鲜效果与储存期限，为农民和农业企业带来了实实在在的经济收益。

微质子水在农业灌溉中的应用

百行行还有一个很独特的案例，值得特别提一下，就是他们的微质子水在农业灌溉中的应用技术。

微质子水是一种通过特定技术处理的水，其核心在于通过电解过程产生微量的氢离子和氢氧根离子，从而调整水的pH值并增强其抗氧化能力。通过这种水技术处理后的水不仅pH值更接近中性，还因氢离子浓度的增加而具备良好的抗氧化性能和生物相容性。微质子水在多个领域有应用潜力，包括饮用水、农业灌溉以及水族箱等，旨在通过改善水质来提升相关领域的效率和效益。

在现代农业领域，科技创新与产业融合正不断推动着农业的发展，其中微质子水灌溉技术作为一项重要的创新成果，不仅为作物生长提供了更加优越的环境条件，还具备多项显著优点。微质子水灌溉技术通过改变水的分子结构，使其形成更易于被植物吸收的小分子团水，从而显著提高了水的利用率和农作物的吸收效率。这一特性使得灌溉过程更加高效，能够在减少水资源浪费的同时，确保作物获得充足的水分滋养。

实践效果表明，使用微质子水进行灌溉的土壤，其养分状况明显优于传统灌溉方式下的土壤。微质子水灌溉有助于提升土壤有机质含量，降低土壤含盐量，并调节土壤酸碱度，使其更适宜作物生长。这种对土壤环境的改善作用，为作物提供了更加健康的生长基础。微质子水灌溉技术还具备节能降耗的优点。由于其灌溉过程更加精准高效，相比传统灌溉方式能够显著减少能源消耗。这不仅有利于降低农业生产成本，还有助于实现农业可持续发展。

在百行行的实际应用中，采用微质子水灌溉的水稻、小麦等作物，其产量相比传统灌溉方式有了显著提高。这主要得益于微质子水对作物生长环境的优化以及对作物生理机能的促进作用。作物在更加适宜的生长条件下茁壮成长，产量和品质均得到显著提升。微质子水灌溉技术适用于多种作物，包括但不限于果树、蔬菜、花卉以及温室大棚内的作物。这种技术通过改变水的分子结构，使其更易于被植物吸收，从而提高灌溉效率和作物产量。果树如苹果、梨等，蔬菜如西红柿、黄瓜等，以及花卉类作物，都能从微质子水灌溉技术中受益。此外，在温室大棚等封闭或半封闭环境中种植的作物，由于环境控制更为精细，微质子水灌溉技术更能发挥其优势，为作物提供适宜的水分和养分环境，促进作物健康生长和高产。微质子水灌溉技术以其高效利用水资源、改善土壤环境、节能降耗以及提高作物产量和品质等显著优点，在现代农业发展中发挥着重要作用。随着百行行这项技术的不断推广和应用，相信微质子水灌溉技术将为农业生产带来更多福祉，推动现代农业向着更加高效、环保和可持续的方向发展。

从价值创造的角度来看，百行行的产品与服务不仅为用户带来了直接的经济收益与健康保障，更为社会创造了广泛而深远的价值。百行行工作是有极强的探索性的，可以说是当代中国绿色工业智能化的先锋队。

第7节　上海宝碳：数字化低碳领域的全新拓展

低碳减排是一个崭新的产业领域，中国是应对气候变化在实践上遥遥领先的决定性力量，中国的碳市场也正在蓬勃地健康发展，上海宝碳借此东风，以全面性和创新性的服务，为各类企业提供定制化的低碳解决方案。

气候变化全球瞩目，中国以双碳目标为核心，构建"1+N"政策体系，力促低碳转型。碳市场为关键杠杆，分强制与自愿两板块，前者针对重点排放企业，自2021年7月启动，涵括2 257家企业，覆盖超51亿吨CO_2，占全国40%以上排放，且于2024年4月碳价首破100元/吨，市场规模全球领先；后者自愿碳市场于2024年1月重启，拓宽参与度。两市场并行且互补，配额抵销机制确保政策协同。2024年政府工作报告强调扩大碳市场覆盖，中国碳市正以市场导向激发绿色创新，驱动新生产力蓬勃兴起。

上海宝碳（上海宝碳新能源环保科技有限公司）是国内知名的低碳产业综合服务商，在全国率先启动了综合性碳管理业务的研究与实践，为政府及企业提供双碳战略咨询、碳资产管理、碳减排项目开发与交易服务、方法学开发、数字化双碳服务平台、低碳能力建设等服务。作为全国知名的低碳行业综合服务商，上海宝碳先后完成了全国**首笔CCER质押贷款、首支CCER信托业务、首单CCER交易**，服务控排企业履约交易量达数百万吨/年，累计拥有千万吨级碳减排量。

数字化低碳领域的拓展

上海宝碳最大的特色是，在传统碳管理业务的基础上，依托自有科技团队，拓展数字化低碳领域。试着列举几个成就。比如，为水泥行业龙头打造水泥行业首个碳管理平台——海螺水泥集团定制化碳管理平台；建设业内领先的涵盖企业组织碳产品、碳足迹、CBAM（碳关税）核算功能的SaaS（软件即服务）管理平台；独立研发的AI碳产品"卿心言碳"；独立研发的碳排放管理员职业等级教培平台；等等。

海螺水泥的定制化碳管理平台最为知名。水泥行业碳排放结构以直接排放为主，生产制造过程会产生大量的碳排放，存在降碳难度大的问题。面对愈发严格的节能降碳政策，海螺水泥以调整能源结构、发展低碳循环、应用降碳技术、推进低碳管理等四条途径实现公司的低碳发展布局，而上海宝碳就在海螺水泥的推进低碳管理这一途径上发挥了巨大的作用：为海螺水泥全国100+下属单位提供控排信息化管理，系统以及云平台优化碳排放，实施包括CCER（中国核证自愿减排量）、CEA（中国排放配额，此为中国政府为重点排放单位在特定时期内分配的碳排放限额。每个单位的配额代表其一吨二氧化碳当量的排放权）在内的碳资产交易，整合优化内部资源，提高碳交易管理效率；保证企业履约，有效降低了成本，提升经济的收益。

低碳减排领域的全面服务和创新

低碳减排是一个崭新的产业领域，中国是应对气候变化在实践上遥遥领先的决定性力量，中国的碳市场也正在蓬勃地健康发展，上海宝碳借此东风，以全面性和创新性的服务，为各类企业提供定制化的低碳解决方案。宝碳将应对气候变化和服务于碳市场的健康发展作为企业的发展目标和社会责任，不断拓展双碳产业链上下游的业务地图，并致力于推动整个产业的发展，构建一个服务全球、服务企业产品全生命周期的一站式智慧综合低碳服务平台。这些服务涵盖了碳减排项目开发、碳资产交易服务、碳资产管理服务、综合型碳咨询、数字化双碳服务、双碳培训及境外双碳服务业务等多个领域。通过市场化机制、数字化能力和专业服务，上海宝碳赋能更多企业和大众，帮助客户实现高质量的低碳转型，逐步实现碳中和目标，致力于助力加快经济社会发展全面绿色转型。

第8节　蘑菇物联：中国工厂的零碳实践

"零碳中国"的一个核心无疑指向工业。千千万万中国工厂撑起了中国制造业总体规模连续14年保持全球第一，中国的工业部门也成为我们最大的排放部门。"零碳中国"离不开"零碳工业"，蘑菇物联（广东蘑菇物联科技有限公司）以其卓越的工业AI科技，聚焦高能耗工业场景助力中国"零碳工业"的大步发展。

"零碳中国"离不开"零碳工业"

蘑菇物联作为一家工业AI科技公司，聚焦工业高能耗的通用工业设备以及由这些设备组成的公辅能源车间（作为工厂能耗基础设施，公辅能源车间是工厂用能的动力能源，通常包括空压系统、制冷系统、循环水系统、配电系统、锅炉系统等，占据工厂的主要能耗，也是节能优化的重要场景），自主研发通用工业设备领域专用的AI大模型——灵知AI，率先把人工智能技术引入工业场景，建模分析计算工厂能源供给端与需求端数据变化，实现按需供能，为工业企业创造安全供能、无人值守、节能降碳三大可测量价值。

跳出制造行业看工业，任何一家工厂都需要从外界输入水、电、天然气等一次能源，有些能源可以直接用于生产活动，但大部分情况下，一次能源需要转换成二次能源，才能满足工厂生产活动对能源更多元的需求。

作为工厂的能源基础设施——公辅能源车间，负责将一次能源转换成水、电、气、冷、热等二次能源，再输送至各个生产车间，保障车间生产活动用能。

我们可以把工厂一分为二：公辅能源车间和生产车间。公辅能源车间与生产车间构成能源供需关系。根据蘑菇物联对各行业超1 000多座公辅能源车间的调研数据，公辅能源车间作为工厂的能源枢纽，其自身能耗普遍占整厂能耗的40%—60%，是名副其实的"能耗大户"。

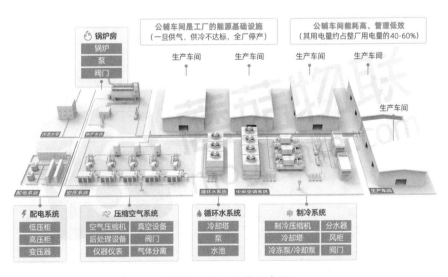

公辅能源车间场景示意图

公辅能源车间能耗高也意味着节能减碳的潜力巨大。"冗余供能"是能源被浪费的主要原因，造成"冗余供能"现状的因素是数据不足：生产车间实时需要多少能源？公辅车间实时供给的能源是多少？设备是否在健康运行而不是带病运行？设备的运行组合是否合理？

在没有掌握数据的情况下，为了保障供能安全，工程师基于经验往往让公辅车间输出的能源大于生产车间实际需要的能源，即冗余供能。但生产车间需要多少能源，公辅车间需输出多少能源，设备运行是否异常，并不一定完全符合人工经验，却能通过数据精准反映出来。

蘑菇物联通过数智化节能技术实时采集能源需求和供给两端数据，建构数据模型，根据能源需求端的变化，实时调度、智控能源供给端的设备运行，最终实现能源供需平衡、按需供能，达到节能降碳、能效最优的目的。并且随着数据积累得越多，节能效果越好。

数智化节能降碳的第一步是数据采集与分析。早在2021年8月，广东省电子信息行业协会发布了由蘑菇物联参与起草的团体标准：T/GDEIIA 3–2021《公辅车间气动设备物联网基础数据采集技术要求》。

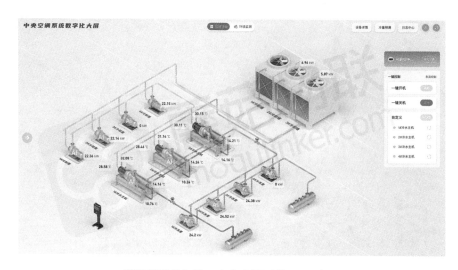

蘑菇物联云智控：中央空调系统3D组态图

在行业内，蘑菇物联规范了公辅能源车间设备运行状态数据的采集方法，为公辅车间设备数据采集和数智化节能降碳制定了第一份标准性文件。

当数据采集回来，如何应用数据，挖掘数据价值就成了关键。在联盟的指导下，蘑菇物联牵头起草发布《工业人工智能算法在公辅车间的应用指南》团体标准。该标准规定了工业公辅车间人工智能技术应用方向和应用要素，适用于公辅车间中水、电、气、冷、热等多种能源设备的智能化控制和运维，为人工智能技术在这些场景下的应用提供技术指导，显著提升了公辅车间的管理效益与节能降碳成效。

蘑菇物联AI云智控便是利用工业人工智能算法，先对能源数据的供需变化进行智能预测，再通过算法对供给端设备进行智能控制，最终实现能源供需平衡；另外，通过知识图谱能实现故障自动推理，24小时不间断地分析设备运行数据，对设备实现预测性维护和精准运维。

中国实践之海信视像江门工厂

现在，让我们把视角投向其中一家工厂，探索蘑菇物联"零碳"秘诀。

海信视像江门工厂是国家工信部"绿色工厂"，也是国内电视行业首个且唯一获评"零碳工厂"的企业。蘑菇物联的AI云智控正在这家工厂里的公辅能源车间运行。

工程装备部高级动力工程师李工说："在能源'产、输、用'的前期以及过程中就要找出能源浪费点，而不能事后才发现，我们空压站和制冷站的年耗电量超过300万度，相当于1 350多吨二氧化碳排放，哪怕是在过程中只浪费了1%的电，就白白多排放了13.5吨二氧化碳。"

AI云智控上线后，李工说："AI云智控可基于精准采集的设备运行数据，建立设备性能模型，并根据厂内用能变化建立数据模型，识别且预测用能需求，实时调度能源供给端设备运行，优化设备运行时长、运行组合与运行参数，最终达成按需供能，解决冗余供能的痼疾。"

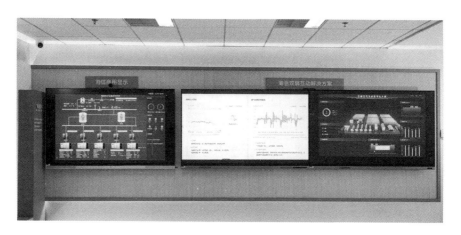

海信视像江门工厂公辅能源管理平台

海信视像江门工厂公辅能源车间数智化节能改造后，在保障安全供能的前提下，站房节能率超过15%，已累计减少约885吨二氧化碳排放。

正是千千万万家类似海信视像江门工厂这样的中国工厂，撑起了中国制造业总体规模连续14年保持全球第一。中国是举世公认的制造业大国，"零碳中国"离不开"零碳工业"。截至目前，蘑菇物联已服务了超1 600家工业企业，覆盖超过60多个行业，其中包括：美的集团、国药集团、华润三九、富士康、立讯精密、隆基、欧姆龙等一大批世界500强及中国500强企业，已累计节省近18亿度工业用电，相当于减少超80万吨二氧化碳排放量。

第9节　国际复材：洞见世界纤机，开启"宜业尚品、造福人类"新征程

"宜业尚品"就是要动态地适应现代社会健康发展的大格局，做满足社会美好生活又令人尊敬的时尚高端产品；而"造福人类"就是中国建材行业要提升站位，开阔胸怀，在"宜业尚品"的基础上，通过发明、创造、创新，为人类提供更新、更好、更适用、更健康、更安全的建材产品，为人类文明进步做出开创性的贡献。

"国际复材"（重庆国际复合材料股份有限公司）是我们这次案例介绍的最后一个。它是中国玻璃纤维和复合材料制造行业的一家知名的高新技术企业。以高新材料制造业作为我们这份特殊的案例集的尾声，也是对中国制造业的崇高致敬和殷切的期待。

在工业生产中，玻璃钢扮演着重要的角色。不只是在建筑、汽车领域，甚至在航天、风电领域等都得到了广泛的应用。玻璃纤维是80多年前在美国出现的，它一出现就大受欢迎，作为复合材料的增强材料，它能取代石头和钢铁等传统的材料，具有轻质、高强、耐久、绿色环保等特点，广泛运用于风电叶片、汽车及轨道交通、电子电器、特高压绝缘、建筑装饰、航空航天等重要领域，并不断拓展光伏支架及边框、聚氨酯节能门窗等新兴市场领域。

玻璃纤维的制造技术，长久以来垄断在美国手中，直到21世纪初，中国人才打破了这个垄断，而现在，更是向着技术更新、更加

绿色环保、更加全球化的方向前进。比如国际复材，经过30余年的不断发展，现在它已经在全球拥有7个生产基地、16条玻纤池窑生产线，玻纤年产能达121万吨，产能规模位居全球前三，产品畅销全球数十个国家和地区。一家企业的发展状况就能如此，中国整个行业的发展力度可见一斑。

2020年中国建筑材料联合会第六次会员代表大会代表中国建材行业提出了"宜业尚品，造福人类"的行业新理念、新目标。"宜业"就是产业发展要符合生态文明的要求，符合人民的要求；"尚品"就是建材产品要与技术迭代同步，与文明发展同行，与市场需求相配，与生态环境相容。"宜业尚品"就是要动态地适应现代社会健康发展的大格局，做满足社会美好生活又令人尊敬的时尚高端产品；而"造福人类"就是中国建材行业要提升站位，开阔胸怀，在"宜业尚品"的基础上，通过发明、创造、创新，为人类提供更新、更好、更适用、更健康、更安全的建材产品，为人类文明进步做出开创性的贡献。

2023年，更是为深入贯彻落实党中央、国务院关于碳达峰、碳中和的重要决策部署，中国建筑材料联合会发布了《建筑陶瓷行业碳减排技术指南》《卫生陶瓷行业碳减排技术指南》和《玻璃纤维行业碳减排技术指南》。对于国际复材，春江水暖鸭先知，早在2021年，它就开始了零碳制造的实践与布局，目前已经取得了很大的成就。

零碳行动：坚持生态优先　擦亮高质量发展底色

2021年，国际复材发布《生态文明建设三年行动计划纲要》，系统梳理确定了废气、粉尘、污水、噪声、固废、光污染、原料燃料消耗及余热利用、碳排放、智能运行中心建设等九个大类的内容，提炼出升级改造项目29个，分年度目标明确了升级改造的项目，明确了现状内容、预期效果、责任主体、进度时限等，列出清单、逐条逐项推进落实，切实做到台账式管理、项目化推进，各项任务均按时推进。

国际复材的实践与成就

海上光伏：CPIC复材边框入驻海上光伏实证平台

海上光伏这片待开发的广阔蓝海，成为市场新宠儿，为抓住这个新的风口，CPIC迎难而上，不断突破创新。2024年4月，使用国际复材边框的两个不同品牌的光伏组件，均成功吊装到烟台中集海上光伏实证平台和海上漂浮式实证平台，成为中集海上实证首批入驻企业，也是目前唯一一家玻璃纤维制造企业。

循环利用：国际复材热塑全系列产品获100%消费前回收玻纤认证

近期，国际复材相关产线热塑产品通过全球知名检测认证机构

UL Solutions的《UL2809再生料含量环境声明验证标准（ECVP）》（该标准基于ISO14021标准制定），完成消费前回收玻纤认证。本次认证的完成也标志着国际复材热塑所有产品全部通过100%消费前回收玻纤产品认证。

标准认证：国际复材顺利通过ISO14064标准认证

为顺应环保发展趋势，按照标准要求，公司对上下游产业链的原料生产、原料运输和产品生产过程的温室气体排放和清除进行量化、监控、报告、验证及核算，经过3天的细致核查，SGS审核组对短切类产品盘查数据表示认可，发布正式查证声明并对盘查工作及后续减排计划给出了指导性建议。

绿色电力：光伏"点亮"绿色发展路

光伏"自发自用"的特性，既降低了企业用电成本，又发挥了节能减排、降本增效的显著效益，国际复材建设了长寿光伏项目一期一阶段。利用F12/13线厂房闲置屋顶，日照发电量约为1 000千瓦。预

计2024年长寿光伏项目二期四阶段建设完成后，发电机装机将达到25兆瓦，将获得更多"阳光收益"，助力绿色高质量发展。

风电叶片可循环创新发展

随着全球风电行业的蓬勃发展，如何实现风电叶片的高效回收和资源化再利用，已成为制约风电行业绿色循环发展和低碳目标实现的关键问题。国际复材研制的高性能专用玻璃纤维产品用于近百米级热塑性可回收叶片试制并成功下线，赋能风电叶片材料走向热塑性可回收材料体系，实现了全新技术突破。

小蚁托盘入选国家循环经济标准化试点项目

小蚁托盘是由国际复材投资的智能共享循环托盘，专注于用循环共享托盘为企业智能仓储和带托运输提供解决方案。通过线上租赁、异地还取的循环共享的服务模式，小蚁托盘预计在全国76个城市建立运营中心，通过在各地建立的托盘运营网点，将标准化托盘与货物一同在供应链中流动，不同企业间无须重复装卸，打造高效完整的供

应链体系。项目实施后，将能够有效地减少木制托盘的使用，降低全社会物流成本。不仅有利于节约社会经济资源，也为行业绿色物流的发展指明了方向。

"智能化、智慧化、资源化"的废水循环利用

国际复材还在废水循环利用上大放异彩。2024年，其大渡口厂区以"智能化、智慧化、资源化"为核心的废水处理及中水回用项目圆满收官，达成的72.77%废水回用率创造了目前行业最高纪录。

国际复材开启新的征程

在超越国际最先进水准决心的推动下和国家碳达峰、碳中和的战略部署的引领下，国际复材与国家意志同频，它不仅在海上光伏领域取得了突破性进展，还凭借其在循环利用、标准认证、绿色电力、风电叶片创新以及数字化、智能化转型应用等多个方面的卓越表现，展现了其在推动绿色能源转型和可持续发展方面的坚定决心与强大实力，开启"宜业尚品、造福人类"新征程。

第 13 章　减排史诗

第 1 节　中国的承诺

中国在哥本哈根大会上的正式承诺是，到 2020 年，将其碳强度（单位 GDP 的二氧化碳排放量）比 2005 年水平降低 40% 至 45%。

这一目标已经在 2018 年实现！

在人均碳排放方面，中国当前的人均二氧化碳排放量为 7—8 吨，而美国目前的数据是 14 吨左右的水平，更不要说美国人均二氧化碳排放量峰值是 19.5 吨。至于从历史累积排放量看，1850 年至 2019 年，北美和欧洲地区的累计排放量分别占全球 23% 和 16%。目前，中国人均历史累计二氧化碳排放仍很低，仅为美国的 1/8、欧盟的 1/4 左右。事实上，丁仲礼院士早就指出：从人均二氧化碳排放的角度来说，欧美主要发达国家在 20 世纪 80 年代就碳达峰了。

第 2 节　把枷锁转换为动能

但是，对比碳排放，我们须知，当今的中国是制造业大国，稳居世界第一。回顾历史，2010 年是一个重要的转折点，这一年，中国制造业增加值占全球的比重达到了 18.19%，这一数字不仅超过了美国，而且是中国首次在这一领域超越了长期占据首位的美国。具体来说，中国的制造业增加值达到了美国的1.07倍，标志着中国正式成为全球制造业第一大国。自那时起，中国的制造业在全球的地位持续稳固，并且逐步增强。从2010年开始，连续14年间，中国制造业增加值一直保持在全球首位的位置，其在全球制造业中的份额也逐年增加。到了最近几年，中国的制造业增加值已经占到了全球总量的30%左右。这一显著的增长不仅体现了中国经济实力的提升，也反映了中国在全球产业链中日益重要的角色。通过持续的技术创新、产业升级以及政策支持，中国制造业不断迈向高质量发展，为全球经济的稳定与增长做出了重要贡献。

制造业的此消彼长隐含了另一层面的事实：今天，美国大部分碳排放来自消费领域，而中国大多来自生产领域。具体来说，根据相关数据，美国大约70%的温室气体排放可以追溯到家庭和个人消费活动，包括交通运输、住宅能源使用以及食品和其他商品的消费。相比之下，中国的碳排放结构则明显不同，其约70%的二氧化碳排放量直接与工业生产和能源密集型产业有关，尤其是钢铁、水泥和化工等重工业部门。这种差异反映了两国经济发展模式的不同特点：美国作为高度发达的服务业经济体，其经济增长更多依赖于内需驱动；而中国作为一个制造业大国，仍然处于工业化进程之中，制造业在国民经济中占据着举足轻重的地位。

根据中国科学院发布的《消费端碳排放研究报告（2024）》，1990年至2019年间，中国消费端碳排放始终低于生产端碳排放，两者差值由1990年的7亿吨增加到2019年的18亿吨。这反映了中国作为"世界工厂"，在全球供应链中扮演着重要的生产角色。2021年，中国因钢铁原材料产品贸易为其他国家承担的二氧化碳净排放量达1亿吨，而因光伏产品贸易为其他国家承担的二氧化碳净排放量更是高达2.5亿吨。然而，与此同时，中国的出口贸易隐含碳强度在这段时间内显著降低了83.3%。这意味着中国在生产过程中采取了更为高效的能源利用和减排措施，从而减少了单位产品的碳足迹。这种变化体现了中国在推动绿色低碳转型方面的努力和成效。具体来看，中国的钢铁行业通过技术升级、设备更新和工艺改进，显著提高了能效并减少了排放。例如，一些大型钢铁企业采用了先进的炼钢技术和循环利用系统，大幅降低了单位产品的能耗和碳排放。此外，中国还在积极发展可再生能源，特别是太阳能产业。2021年，中国光伏产品的出口量继续保持全球领先，这些产品在全球范围内的广泛应用帮助许多国家减少了对化石燃料的依赖，促进了全球能源结构的优化。通过这些努力，中国不仅在国内实现了显著的减排效果，也为全球提供了更多的绿色低碳产品。根据国际能源署的数据，2021年中国生产的光伏组件占全球总量的70%以上，这些产品在世界各地的应用每年可减少数亿吨的二氧化碳排放。此外，中国还通过国际合作和技术转移，帮助其他发展中国家提升清洁能源生产能力，进一步推动了全球绿色转型进程。总的来说，虽然中国在某些领域的国际贸易中仍然承担着较大的碳排放责任，但其在降低出口贸易隐含碳强度方面取得的成就居功至伟。

这些年美国做了什么呢？在美国的气候变化行动方面，2009年的哥本哈根气候大会上，美国承诺到2020年将其温室气体排放量在2005年的基础上减少17%。然而，这一承诺并未完全兑现。根据美国向联合国提交的温室气体排放清单，2012年美国的温室气体排放量实际上比2005年的水平高出42%，这与承诺的目标相去甚远。即使到了2019年，美国的温室气体排放量也未能达到预期目标，仅减少了12%左右，距离17%的目标仍有差距。此外，在特朗普的第一届任期内（2017—2021年），美国采取了一系列不利于应对气候行动的措施。2017年6月，特朗普宣布美国将退出《巴黎协定》，并在2020年11月正式退出该协议。在此期间，特朗普政府还取消了多项奥巴马时代的气候政策，包括清洁能源计划、汽车燃油效率标准等。直到2021年拜登政府上台后，美国才重新加入了《巴黎协定》，并提出了新的减排目标。

过去这些年，美西方其实在处心积虑地把中国拉进一场"减碳竞赛"，有人想借此在中国发展头上套一把枷锁。但正如《易经》的坎卦所云："习坎，有孚，维心亨；行有尚。"遇到艰难险阻，我们中国人心怀信实，勇往直前，上一章（第12章"零碳制造的中国实践"）这些案例所体现的就是各行各业的当代中国的劳动者、管理者、企业家、科技人员，以及中国企业和在中国的企业，共同努力，真抓实干，把枷锁转换为动能，14亿中国人共同书写出人间的奇迹。

第3节 "如果中国停止拯救世界，将会发生什么？"

上面的标题被用在9月16日美国媒体人大卫·华莱士-威尔斯在《纽约时报》发表的评论文章上，他的意思是，中国已经彻底改写了全球绿色转型的故事。文章里作者提到了很多数据，不妨再为一用。

第一，尽管全球碳排放仍在上升，中国的排放可能已经达峰。凭借数十年来太阳能、风能和电池技术成本以令人咋舌的速度下降，以及新一轮的气候倡议和大幅增加的政策支持，各类绿色能源技术正在沿着一条惊人的指数曲线上升，每一年的进展都让那些守旧的产业分析人士的谨慎预测沦为笑柄。

第二，近年来的巨大进步，主要来自中国。如果把中国排除在世界之外，那么那条奇迹一般的上升曲线，就平缓了许多。

这里是**太阳能**的数据。

2023年，全球太阳能装机容量是425吉瓦，中国占了263吉瓦，除中国之外的全世界只有162吉瓦，美国只有33吉瓦。

在2019年的时候，中国的装机容量还只是全球总量的四分之一左右；去年，中国的装机容量已经比外国总量多出62%。在这五年间，中国的新增装机增长了八倍以上；如果不算中国，全世界增幅还不到一倍。

在20年前，中国在全球太阳能制造业中的份额不到1%，而美国是13%；到了2023年，中国在供应链四大环节的份额都超过80%，而美国不到1%。

然后是**风能**的数据。

2023年，中国新增风电容量74吉瓦；世界其它地方总和为43吉瓦，美国只有6吉瓦。

2024年，全球建造的大型太阳能和风能发电场有近三分之二在中国，其绿色能源部署规模是世界其它地方的八倍以上。

最后，是**电动汽车**的数据。

电动汽车方面，2023年，中国售出电动汽车810万辆，世界其他地方是560万辆，其中，美国只有140万辆。

数据是时代的见证者。

数据惊人，攻守易势。挑战并没有打败我们，"险之时用大矣哉！"一篇伟大的减排史诗，正在由14亿中国人共同书写。

第4节 前行者不可遗忘

事实上，在环保议题上，包括中国在内的发展中国家与以美国为首的西方发达国家，从一开始就是泾渭分明的两大阵营。双方在立场、路径和方法上的争论从未停歇，尽管存在分歧，但总体上仍保持着合作与对话的态度。

这一局面可以追溯到1972年6月5日在瑞典斯德哥尔摩召开的**联合国人类环境会议**（United Nations Conference on the Human Environment）。这次会议不仅是人类历史上第一次全球范围内的环境保护会议，也是新中国重返联合国后参与的首次联合国大会。它标志着中国开始审视自身和全球环境问题，并积极参与国际环境保护事务。联合国人类环境会议汇集了来自113个国家的代表，以及众多非政府组织、科学家和观察员。当时，在周总理的直接领导下，我国派出燃化部副部长唐克、国家计委的副主任顾明、国务院计划起草小组成员毕季龙、曲格平，还有工业水利等部门共同组成庞大团队。这样一个综合性的代表团的组成就已经蕴含了中国人当时的敏锐洞见：环境问题虽然危害人类健康，但不完全是单纯的环境卫生问题，还是涉及到国民经济的各个方面，是一个系统性的问题，需要统筹协调解决。

会议的主题是"只有一个地球"（Only One Earth），旨在探讨全球环境问题并制定相应的行动计划。会议最终通过了《斯德哥尔摩宣言》，提出了26项原则，强调了环境保护的重要性，并呼吁各国采取行动保护自然环境。在这次会议上，发展中国家普遍认为，环境问题主要是由于发达国家工业化过程中的过度消耗和污染造成的，因此发达国家应该承担更多的责任和义务。他们强调，环境保护不能以牺牲发展为代价，必须与经济发展和社会进步相结合。相比之下，发达国家则更多地关注环境保护的技术和资金支持，希望在全球范围内推广环境保护标准和技术。双方的分歧是明显的。中国的参与在这次会议上具有重要意义。作为刚刚重返联合国的发展中国家，中国代表团积极参与了各项讨论，并明确表达了对环境保护的支持和承诺。**同时，中国也强调了发展中国家在环境保护方面的特殊需求和发展权**。这次会议为中国未来的环境保护政策和国际合作奠定了基础。此后，一系列重要的国际环境协议陆续出台，如1987年的《蒙特利尔议定书》和1992年的《联合国气候变化框架公约》等，这些我们耳熟能详的文件的源头都来自在瑞典斯德哥尔摩召开的联合国人类环境会议，而一开始，我们中国就参与其中。

总之，1972年的联合国人类环境会议不仅开启了全球环境保护的新篇章，也为不同国家之间的对话与合作提供了平台。尽管发展中国家和发达国家之间存在诸多分歧，但通过持续的努力和协商，国际社会在环境保护方面取得了显著进展。

最后，我们要记住这个名字：**叶笃正**。

叶笃正先生是2005年国家最高科学技术奖得主。他是中国现代气象学主要奠基人之一、中国大气物理学创始人、全球气候变化研究的开拓者。他师从世界著名大气物理学家罗斯贝，1949年，在美国《气象杂志》上，叶笃正发表了他的第一篇意义重大的学术论文《大气中的能量频散》，该文章被公认为动力气象学领域的经典著作。同年，新中国成立，身在异乡的叶笃正义无反顾地作出了回国的选择。

20世纪80年代开始，他开始关注全球变化问题，成为国际**全球变化科学**的倡导者之一。1984年在加拿大渥太华召开的第一次全球变化大会上，叶笃正等应邀作了题为《全球变化——一个全球性的多学科科学问题》的报告，率先指出了10至100年的变化应当是全球变化研究中关注的重点，并讨论了气候变化和全球变化之间的区别。到了2000年左右，叶笃正等发表了《对未来全球变化影响的适应和可持续发展》，文章的小结是这么说的：（1）随着全球变化研究的发展，适应将成为实用性强的系统性研究；（2）必须将适应和可持续发展结合起来；（3）可持续发展是人类社会为适应全球变化所必须采取的行动准则，即适应必须符合可持续发展原则；（4）只有考虑了对全球变化适应的可持续发展才可能真正地持续发展下去；（5）必须从系统的观点考虑适应与可持续发展问题。不久后，叶笃正、符淙斌等人发表论文《有序人类活动与生存环境》，正式将"有序人类活动"的概念介绍给大众和西方。

首先请大家注意叶先生的这个"全球变化"的提法。西方气象学家通用的是"全球气候变化"而不是"全球变化"，叶先生把"气候"两字拿掉了，着眼点更在于整体性、系统性，这在理论上呼应了当时中国派代表团参加斯德哥尔摩联合国人类环境会议时的洞见：环境问题是一个系统性的问题，需要统筹协调解决。

其次请大家注意"适应"这个词。如果我们注意到《巴黎协定》的提法就会发现，一般认为，《巴黎协定》最大的贡献在于明确了全球共同追求的"硬指标"。协定指出，各方将加强对气候变化威胁的全球应对，把全球平均气温较工业化前水平升高控制在2摄氏度之内，并为把升温控制在1.5摄氏度之内努力。这里用的是"控制"。但我们人类真的能"控制"地球的变化吗？

2022年出台的中国《国家适应气候变化战略2035》中，体现了我们中国人一贯以来的清晰思路：**减缓**和**适应**是应对气候变化的两大策略，二者相辅相成，缺一不可。

减缓是指通过调整能源和工业系统及自然生态系统，减少温室气体排放，增加碳汇，以稳定和降低大气中的温室气体浓度，减缓气候变化。即使实现碳达峰与碳中和，已发生和潜在的气候风险仍会持续。适应是指加强自然和社会经济系统的风险管理，采取措施利用有利因素、防范不利因素，减轻气候变化的影响和风险。有效的适应行动能显著降低区域面临的不利影响，对保障经济社会发展和生态环境安全至关重要。所以，目前我们也很少说"防止气候变化"这个概念，讲得更多的是"应对"和"适应"。

由此可见，中国的气候研究和应对实践从来都是一个涉及科学、政治、经济、外交等领域的系统工程，担负着对中国人民、世界人民和未来子孙后代的责任，这是中国的国家意志所在。毫无疑问，这一意志有着来自华夏古老文明的伟大智慧的渊源：天人合一。既重视天命，也绝不离开人生。天命当不可违，人生绝不可弃。人类不能脱离天命而行，所以有"应对"和"适应"，但离开了全体人类的发展，天命又从何处而来？中国人看待人类与气候变化的关系大致如是，所谓温良，尽在其中。这里我抄录两段钱穆先生写在《天人合一论》中的文字，当更能让我们有所洞察：

中国人是把"天"与"人"和合起来看。中国人认为"天命"就表露在"人生"上。离开"人生"，也就无从来讲"天命"，离开"天命"，也就无从来讲"人生"，所以中国古人认为"人生"与"天命"最高贵最伟大处，便在能把他们两者和合为一。离开了人，又何处来证明有天。所以中国古人，认为一切人文演进都顺从天道来。违背了天命，即无人文可言。"天命""人文"和合为一，这一观念，中国古人早有认识。我以为"天人合一"观，是中国古代文化最古老最有贡献的一种主张。

西方人常把"天命"与"人生"划分为二，他们认为人生之外别有天命，显然是把"天命"与"人生"分作两个层次，两次场面来讲。如此乃是天命，如此乃是人生。"天命"与"人生"分别各有所归。此一观念影响所及，则天命不知其所命，人生亦不知其所生，两截分开，便各失却其本义。决不如古代中国人之"天人合一论"，能得宇宙人生会通合一之真相。

回顾历史，我们就可以清楚地看到，面对人类工业化带来的环境问题，从一开始，中国就与先发工业国家的立场不同，更站在人类与世界的整体角度看待，因此，后续的观点、方法、实践当然都是不同的。

第5节　天行健，君子以自强不息

丁仲礼院士在许多场合表示过，我们要辩证地看待地球的气候变化。全球气候变化可以分为三个时间尺度，即地质构造尺度（10万年至亿年）、地球轨道尺度（10万年至万年）和短时间尺度（万年）。在地质构造尺度上，由于岩石圈的变动，自650万年前的新生代以来，全球温度降低了10℃以上，海平面下降了约70米。这一长期的冷却趋势与板块运动、火山活动以及大气成分的变化密切相关。

从260万年前开始，随着北极冰盖的形成，地球在万年尺度上进入了冰期和间冰期的有规律波动。冰期与间冰期之间的温度差异可以达到6℃至8℃。这种周期性的气候变化主要由地球轨道参数的变化引起，包括偏心率、倾斜角和岁差等。这些变化影响了太阳辐射在地球表面的分布，进而导致气候系统的响应。

从距今1.1万年开始，地球进入了一个间冰期，即全新世。在这个时期，地球温度变化呈现两个特点。一是趋势性，即从10 000年到8 000年前是增温时段，在中国南方，出现了水稻的人工栽培种植；从4 000年前开始，温度逐渐变冷，出现了小冰期，在中国北方，旱作植物逐渐占据优势；小冰期在距今100年前结束，地球开始变暖。二是波动性，即存在千年尺度、百年尺度和十年时间尺度上小于1℃的温度波动。这些波动可能受到多种因素的影响，如火山喷发、太阳活动变化以及海洋环流的变化。我们常提到的气候变化，主要是指距今100年间的全球温度升高。这可能是小冰期结束叠加人类对环境影响力增加的结果。

根据科学研究，近一个世纪以来，全球平均气温上升了约1.1℃，这是过去800年来最显著的升温现象。特别是自工业革命以来，人类活动大量排放温室气体（如二氧化碳、甲烷），导致大气中温室气体浓度急剧增加，进一步加剧了全球变暖的趋势。生产力的发展一方面提高了人类劳动生产率，另一方面也增强了人类活动的计划性和全球一致性。前者使得人类活动对自然环境变化的影响能力提高，后者使得人类活动的作用可以相互叠加。综合这两方面，人类活动对环境变化的影响力急剧提高。现代工业化进程中的能源消耗、森林砍伐和城市化等活动，都对气候系统产生了深远的影响。但是，回顾往昔，地球已经走过了46亿年的岁月，生命大约在6亿年前出现。随后，生物经历了多次大大小小的灭绝事件，其中最大的五次灭绝事件几乎都伴随有剧烈的全球性环境变化。正如丁仲礼院士所说，**气候的变化是绝对的，不变是相对的，地球本身具有强大的自我调节能力**。

在这个意义上，我们需要"控制"的在根本上说不是地球的变化，而是人类活动对自然的影响。对于全球变化来说，我们人类更需要做的在于能否应对和适应环境的变化，而对于人类而言，能否应对和适应环境的变化将取决于社会运行效率的全面提升，以及对地球未来环境变化适应能力的全面加强。这不仅需要中国在科技、经济、军事、文化上愈加强大，更好地引领世界，改造规则，改变西方国家的自私、霸蛮与唯利是图，也需要全世界人民，尤其是全球南方国家的团结合作与共同的努力。不只是14亿中国人，更是14亿中国人引领全世界人民共同书写节能减排、绿色转型这部伟大的史诗，人间的奇迹！

这就是我们时代，我们这个三千年未有之大变局。天行健，君子以自强不息。现在，让我们还是回到那场对丁仲礼院士的著名的采访的时空，龙战于野，大哉乾元！我们中国人行大道，干实事，从来不惧挑战，战而胜之，必将创造光明。——

"西方的这些国家就是放空炮的，你以为他们会真减排吗？"他说。

"如果这些国家都不做，中国还要做吗？"主持人问。

"中国还要做！"丁仲礼的回答，很果断。

第6节　尾声

据美国《纽约时报》当地时间2024年11月8日报道，美国当选总统特朗普的气候和环境过渡团队正在考虑将美国环保署总部迁出华盛顿，并进行重大改革。

报道援引六名消息人士称，该过渡团队已准备了一系列关于气候和能源的行政命令和公告，其中包括再次让美国退出《巴黎协定》。……

后 记

全书完稿以后，礼立嘱我为《零碳中国》作一篇后记，我就基于写作的系统体会，从产业实践的角度出发，以多年致力于横跨第二产业推进零碳目标的经验，将对零碳的发展底层逻辑的思考与感悟同读者们进行分享探讨。

一、为什么

对于跨国公司而言，众多企业基本都已制定了明确的双碳目标，并将之公布在其可持续发展报告之中。从某种意义上来说，双碳方面的投资及努力既是对投资人的一种承诺，也是企业社会责任的体现。

相比跨国公司相对完善的架构及体系，民营企业受市场快速变化的影响，波动幅度会更大。如果双碳相关的投资回报仅仅具有节流的价值，那么企业家对于系统性的投入将会更加审慎和保守。

与此同时，碳足迹的追踪回溯对各个国家的产业链发展有着重大的系统性影响，尤其是上游高耗能产业聚集的国家。例如，欧盟的碳边境调节机制（CBAM）给中国出口型企业带来了更高的成本压力，降低了企业的利润率。世界贸易的游戏规则处于不断调整变化之中，如今的碳足迹追踪计算或许允许通过签署电力购买协议（PPA）购买绿色电力或购买绿证等绿色能源证书来降低电力相关消费的碳足迹，但这一规则在未来并非不会改变。

从另一个角度来看，中国作为全球唯一一个涵盖联合国所定义的666个细分产业门类的国家，实现零碳目标势在必行。而且必须从最上游的源头绿色能源开始，通过产业链的聚集与打通，使产业从绿色能源到可高效运输形态产品生产制造的全流程能够在绿色能源的原产地并行。

二、做什么

能源更替、污染治理、效率提升、产业链纵向横向协同以及生产性服务业赋能进而创造新的需求以拉动供给侧产业链的可持续发展，这些都是零碳发展的关键要素。

而新质生产力的本质实际上就是绿色生产力。新制造以新需求的未来产业（未来能源、未来材料、未来装备、未来健康、未来智能、未来空间等）为基础；新服务以生产性服务业为依托；新业态以数字化及全球化为考量。

在科创阶段系统性地植入净零供应链思维至关重要，尤其是要认识到局部最优并不等同于全局最优。前期的端到端蓝图规划能够避免大量的后期改造时间及费用，否则，在许多领域，一旦建设完成便会陷入不可逆的困境。

三、谁来做

零碳的系统性规模化推进，各个领域的链主带头效应至关重要。通过产业链链主的纵向拉动，可以形成更高效的横向产业链优化整合。在这个过程中，生产性服务业链主的协同资源价值便能够得以体现。从顶层蓝图规划、跨行业的资源整合，到打造以产业链为基础的技术商业模型。

总体来看，零碳的系统性规模化推进对于中国乃至全球而言都是一项意义重大的历史工程。

以终为始，让绿色低碳可持续发展与产业可持续发展相结合。而产业的可持续发展需要通过创造新需求来拉动新供给。新需求源自持续挖掘能够解决产业及社会问题的各种科创技术及应用。零碳思维及能力需要从科创阶段开始植入，系统性布局六大产业链生存门槛，即成本、质量、交付、科创、服务、可持续。以精益生产的思维进行全盘端到端蓝图的规划布局。

从节流的量变转化为开源的质变，从开源的量变来赋能并颠覆产业商业模式的价值，最终形成产业链共赢的综合格局。

石安

2024 年 10 月 1 日 上海